창의폭발 엄마표
판타스틱
미술놀이

창의폭발 엄마표 판타스틱 미술놀이

1판 1쇄 발행 2012년 10월 25일
1판 10쇄 발행 2021년 1월 12일

지은이 박민재
발행인 유성권
펴낸곳 ㈜이퍼블릭

출판등록 1970년 7월 28일, 제1-170호
주소 서울시 양천구 목동서로 211 범문빌딩 (07995)
대표전화 02-2653-5131 | 팩시밀리 02-2653-2455
www.loginbook.com

- 이 책은 저작권법에 따라 보호받는 저작물이므로 무단전재와 복제를 금지하며, 이 책 내용의 전부 또는 일부를 이용하려면 반드시 저작권자와 ㈜이퍼블릭의 서면 동의를 받아야 합니다.
- 잘못된 책은 구입처에서 교환해 드립니다.
- 책값과 ISBN은 뒤표지에 있습니다.

로그인은 ㈜이퍼블릭의 실용서 브랜드입니다.

남다른 **자신감**과 **창의력**, 미술놀이가 답이다!

창의폭발
엄마표
판타스틱
미술놀이

박민재 지음

로그인

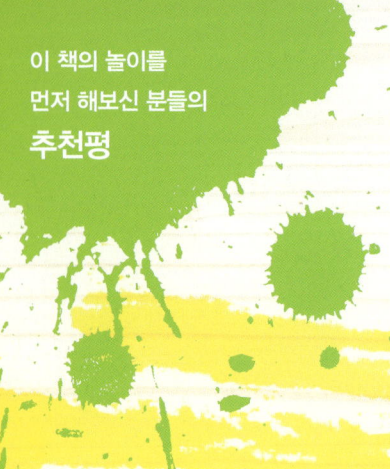

이 책의 놀이를 먼저 해보신 분들의 추천평

미술 전문가가 아니어도 즐겁게 놀아요!

세상에서 내 아이를 가장 잘 아는 건 바로 엄마이지요. 그런 엄마가 아이의 가장 좋은 미술 선생님이 되어 아이와 함께 미술놀이를 할 수 있도록 도와주는 책입니다. 미술 전문가가 아니어도 아이와 엄마가 아티스트가 되어, 집에서 손쉽게 구할 수 있는 재료로 뚝딱뚝딱 즐거운 시간을 보낼 수 있게 해 주네요. 틀에 박힌 미술교육이 아닌, 그날그날 아이의 감정과 상황에 맞춰 아이와 교류할 수 있도록 가이드해 줍니다. 신선한 아이디어가 가득 담겨 있는 만큼 많은 엄마와 아이들에게 꼭 필요한 책이라고 확신합니다.

– 백혜원 (6세 엘라, 4세 엠마 엄마 / 뉴저지 공립중 교사)

재미와 미술, 두 마리 토끼를 잡아요!

수많은 교육 이론 중 변하지 않는 최상의 교육 방법 중 하나가 바로 아동들 스스로 동기를 가지고 스스로 생각하고 체험하며 배워나가는 방법입니다. 재미와 내용의 두 마리 토끼를 다 잡는 게 참으로 힘든 과제인데, 그것을 훌륭하게 소화하고 있는 것이 이 책입니다. 이 책에 소개된 저자의 방법들은 이곳 한글학교에서 미술교육을 뛰어 넘어 언어 교육, 인성 발달, 독서지도 등에도 활용되고 있는데, 학생들과 학부모님들의 많은 호응을 얻고 있습니다. 이런 방법들이 더 많은 사람들에게 소개되기를 바라는 마음이 있었는데, 책을 통해 소중한 교육의 지혜를 나누게 되어 무척 환영합니다. 이 책을 통해 교육자들이나 부모들이 아이들의 잠재된 능력을 계발하고 꽃피우는 데 큰 도움이 되리라 확신합니다.

– 그레이스 고, 고대웅 (다섯 아이의 부모 / 고등학교 영어교사, 컬럼비아 교육대학원 박사과정)

미술에 문외한인 저도 자신이 생겼어요!

저자의 집을 방문하여 규리와 규진이가 만든 작품들을 직접 본 적이 있는데, 아이들의 실제 작품들은 사진에서 봤을 때보다 훨씬 신기하고 놀라웠습니다. 저 역시 아이를 키우는 엄마이다 보니, 그 놀라움은 부러움과 안타까움으로 번졌지요. '엄마가 아이와 이렇게 놀 수도 있구나!', '아이가 정말 행복해 보이네!', '우리 아이는 어떻게 해야 하나!' 하고 말이지요. 이공계 출신으로 미술에 문외한인 저로서는 미술놀이가 도무지 엄두가 나지 않았는데, 이렇게 책을 내 주시니 너무나 기쁘고 또 설렙니다. 이제 저도 집에서 아이와의 미술놀이에 도전할 수 있을 것 같아요!

– 김은화 (3세 해인이 엄마 / 프린스턴 대학 플라즈마 물리연구소 연구원)

미술학원 보낼 필요 없네요!

아이들과 재미있는 시간을 보내며 미술에 대한 사랑을 키워줄 수 있는 다양한 아이디어들이 가득하네요. 미술에 재능이 없는 엄마라도 저자의 아이디어를 따라하기만 하면 어렵지 않게 아이가 미술을 즐기게 할 수 있을 것 같아요. 무엇보다도 아이가 하기 싫은 것을 억지로 하는 것이 아니라, 즐거운 마음으로 엄마와 작품을 만드는 시간을 갖게 해 준다는 점이 매력적입니다. 이 책만 있으면 미술학원에 보낼 필요 없이, 엄마와 아이가 함께 아름다운 추억을 만들면서 동시에 아이의 창의력을 계발시킬 수 있을 것 같아요.

– 동경미 (네 아이 엄마 / 산타클라라 아동학대 방지위원회 코디네이터)

엄마와 애착 형성의 시간을 가져요!

요즘은 아이들도 너무 바빠서 엄마와 상호 작용을 할 수 있는 기회가 점점 줄어들고 있지요. 이 책에서 우리가 얻을 수 있는 가장 소중한 가치는 엄마와 아이가 미술 활동을 통해 '긍정적인 애착관계 형성의 시간'을 가질 수 있다는 점입니다. 책 속에는 저자의 섬세하면서도 포근한 엄마의 눈길과 손길이 녹아 있어, 수많은 미술교육 정보 속에서 당혹스러워하는 엄마들에게 큰 도움이 될 거라고 확신합니다. 이 책을 통해 보다 많은 엄마와 아이들이 질 높은 교감의 시간을 가질 수 있기를 바랍니다.

– 김명희 (7세 유진이 엄마 / Appletree Preschool 원장, 뉴저지 한소망 아기학교 교감)

각박한 디지털 시대의 단비 같아요!

부모라면 누구나 내 아이만큼은 좀더 특별하고 자신의 재능을 마음껏 발휘하며 자신감 있게 성장하기를 바라지요. 놀이는 물론 친구와의 대화까지도 기계로 하는 각박한 디지털 시대를 맞고 있는 우리들에게 이 책은 메말라 있던 우리 아이들의 오감을 자극할 수 있는 단비 같습니다. 더군다나 쉽게 구할 수 있는 간단한 재료들로 훌륭하고 멋진 작품을 만들 수 있게 해 주네요. 창의적이고 감성이 풍부한 아이로 키울 수 있게 해 주는 이 책이 각 가정에 널리 퍼지기를 바랍니다.

– 조앤 리 (7세 글렌 엄마 / 〈뉴욕식 건강밥상〉 저자, 친환경 요리연구가)

머 리 말

날마다 미술놀이 하며 자란 아이들

큰 아이가 태어난 이후부터 미술놀이는 줄곧 아이와의 생활 속 한 부분이었습니다. 그렇게 두 아이와 미술놀이를 해 온 지 어느덧 만 12년이 되었고, 그 동안 틈틈이 아이디어를 정리해 둔 노트와 파일들이 10여 권에 이릅니다. 아이 키우는 다른 엄마들에게 도움이 되고자 블로그 등 여러 매체에 미술놀이 방법과 아동미술 관련 칼럼을 연재하게 됐고 이렇게 책도 출간하게 됐습니다. 이 모두가 제 아이들과 놀아 주다 보니 저절로 생겨난 일들이어서 그저 아이들에게 감사하고 하나님께 감사드릴 따름입니다.

돌아보면 저희 집에서는 미술놀이가 거창할 것 없는 생활놀이였습니다. 버려지는 박스지에 예쁘고 큼직한 그림이 있으면 아이들과 퍼즐로 만들어 활용했고, 달걀에 여유가 있으면 촉감놀이를 했습니다. 아이들이 가위를 잡을 때면 잡지책이 손의 협응력과 집중력을 높여 주는 훌륭한 재료가 되었고, 책을 읽으면서 생긴 작은 아이디어가 그날의 미술 주제가 되기도 했습니다. 그림 색칠을 하고 있을 때는 가위로 오리는 것을 유도해서 도화지에 붙여 다른 이야기를 꾸밀 수 있는 여지를 주었고, 잘 오려진 그림은 버려지는 스티로폼 접시에 작은 소품들과 함께 붙여 근사한 콜라주를 만들게 했습니다.

주변에 일상적인 재료가 작은 아이디어로 재창조되는 것을 경험하며 자란 아이들은 자기주도적인 자세를 갖게 되고, 관찰력이 생기고, 보다 난이도 있는 것에 대한 도전 의식이 커지고 담대해집니다. 이러한 아이의 성장은 결코 몇 번의 과정으로 이뤄지는 일이 아닌 만큼, 엄마와의 미술놀이는 일회성의 이벤트가 아니라 매일매일 생활화되는 것이 중요합니다. 이런 긍정적인 부분이 쌓이고 쌓여, 이제 중학생이 되는 큰 아이는 각종 미술대회와 글짓기 대회에서 좋은 성적을 거두었습니다. 과외 한 번 받지 않고도 전 과목 A 이상의 평점으로 해마다 영재수업을 받고 있고, 수학·과학경시대회에서도 두각을 나타냈습니다. 작은 아이는 아직은 어리지만 새로운 것을 배우거나 조금 어려운 과제들을 좋아하는 성향을 보이고 있습니다. 저는 오랜 기간 동안 해 온 생활 속의 미술놀이가 저희 아이들에게 긍정적인 원동력이 되었다고 확신합니다.

미술에 자신이 없다고요?

블로그와 미술놀이 칼럼을 통해서 독자분들과 이야기를 나누면서 많은 분들이 아이들과의 미술놀이를 부담스러워한다는 것을 알게 되었습니다. 미술 전공이 아니어서 자신이 없다는 점이 가장 큰 부담이었고, 어떤 재료로 어떻게 진행해야 좋을지 아이디어가 부족하다고 호소했습니다. 아이의 연령과 기질에 따라서 어떻게 진행해야 좋을지도 많이 궁금해하셨고요.

저는 무엇보다 전문적이어야 한다는 부담감을 버리는 것이 엄마표 미술놀이의 첫 번째 진행 조건이라고 말씀드리고 싶습니다. 아이들에게는 그림을 잘 그리는 엄마보다 함께 놀아 주고 즐거워해 주는 친밀한 엄마가 필요하니까요. 두 번째로 아이디어는 일상에서 얻으세요. 버려지는 냉장고 속의 시든 야채를 이용해 도장 찍기를 하고, 아빠의 쉐이빙 크림과 헤어젤로 촉감 놀이를, 길거리의 나뭇잎과 돌 등으로 표현놀이를 진행해 보세요. 생활 속의 모든 재료들이 창의성을 불러일으키는 재료가 된답니다. 마지막으로 아이의 기질은 저마다 다르지만 흥미로운 미술놀이는 누구에게나 긍정적인 영향을 준다는 것을 기억해 주세요. 미술놀이는 학습이 아니고 정답이 없는 창작활동이므로 언제든지 자녀의 실수를 너그럽게 받아 주시고 격려와 칭찬을 듬뿍해 주시는 것도 잊지 마시기 바랍니다.

엄마와의 미술놀이, 아이가 행복해집니다!

이곳 미국은 사교육이 흔치 않습니다. 그렇기 때문에 오히려 제가 집에서 편안히 내 아이에게 꼭 필요한 커리큘럼을 계획하고 진행할 수 있었습니다. 이곳의 교육은 너무나 느리고 소박하고 욕심 없어 보이지만, 개개인마다의 특성이 존중되고 작은 것을 소중히 여기는 분위기입니다. 저는 이런 분위기의 느림보 교육이 사교육과 조기교육에 급급한 한국에도 반영되었으면 하는 바람을 가져 봅니다. 근시안적인 미술교육이 아닌 훗날 아이들 스스로 행동하게 만들 수 있는 자발적인 미술교육이 이뤄졌으면 합니다. 아이를 깊이 이해하며 아이의 속도에 발맞추어 진행하는 엄마와의 밀착된 미술놀이는 하루하루 내 아이를 성장시키는 밑거름이 된다는 것을 기억해 주세요. 감사합니다.

태평양 건너에서 **박민재** 올림

contents

봄에는 뭐 하고 놀까?
Art in Spring

손바닥 도장의 변신
복실복실 아기양 난이도 ●○○ 22

손도장을 찍어서 화분을 만들어요
알록달록 손도장 나무 난이도 ●○○ 24

번져라 번져라 나비 날개야
커피필터 종이 나비 난이도 ●○○ 26

구겨서 붙이면 나비가 나와요
화려한 습자지 나비 난이도 ●○○ 28

뽕뽕이 꽃이 피었어요
폭신폭신 뽕뽕이 화분 난이도 ●●○ 30

우리집에 봄이 들어왔어요
달걀판 화환 난이도 ●●○ 32

내 부케를 받아 줘요
종이컵 꽃다발 난이도 ●●○ 34

하트로 무슨 동물을 만들까?
하트 동물 농장 난이도 ●●○ 36

클로버 세 장을 붙이면 입체로 변신
입체 클로버 모빌 난이도 ●●○ 38

하트가 꽃송이로 변해요
입체 꽃송이 모빌 난이도 ●●○ 40

날개를 대칭으로 꾸며요
종이접기 나비 모빌 난이도 ●●○ 42

애벌레에서 나비가 되기까지
나비의 한살이 난이도 ●●○ 44

뽀송뽀송 솜이 모여 구름이 됐어요
두둥실 솜 구름 난이도 ●●○ 46

태극기가 맛있어요
삼일절 과일 태극기 난이도 ●○○ 48

달걀의 화려한 변신
부활절 달걀 모빌 난이도 ●●○ 50

부활절엔 토끼가 되어 봐요
부활절 토끼 머리띠 난이도 ●○○ 52

지구야, 내가 지켜 줄게
지구를 구하라 난이도 ●●○ 54

퍼즐 맞추는 재미가 두 배로!
가족사진 블록퍼즐 난이도 ●●○ 56

엄마 아빠, 사랑해요!
색도화지죽 사랑의 패널 난이도 ●●○ 58

선생님, 고맙습니다!
습자지 카네이션 카드 난이도 ●○○ 60

여름에는 뭐 하고 놀까?
Art in Summer

꼭 짜면 물이 찍~
물놀이 스펀지공 난이도 ●○○ 64

이런 비눗방울 봤어요?
대형 비눗방울 놀이 난이도 ●○○ 66

이글이글 태양을 잡아라
크레용 선 캐처 난이도 ●○○ 68

아스팔트는 내 도화지
그림자 이어 달리기 난이도 ●○○ 70

쨍쨍 햇빛이 작품을 만들어요
나뭇잎 그림자 프린트 난이도 ●○○ 72

접시에 바다를 옮겨 와요
스티로폼 접시 바닷속 풍경 난이도 ●●○ 74

조개껍데기로 무얼 만들까?
조개껍데기 아기 거북이 난이도 ●●○ 76

나만의 어항을 만들어요
유리병 물고기 난이도 ●●○ 78

한여름에 어울리는 시원한 액세서리
페트병 비즈 팔찌 난이도 ●●● 80

우리집에 새가 들어왔어요
지그재그 새 모빌 난이도 ●●○ 82

홀씨로 무얼 만들까?
단풍나무 홀씨 잠자리 난이도 ●○○ 84

한국적인 색감의 악기를 만들어요
광복절 색동 리듬악기 난이도 ●○○ 86

광복절을 시원하게 기념해요
광복절 색동 아이스바 난이도 ●○○ 88

09

contents

가을에는 뭐 하고 놀까?
Art in Fall

낙엽이야, 동물이야?
단풍 나뭇잎 표현놀이 난이도 ●●○ 92

가을 정취가 물씬~
가을 나뭇잎 화환 난이도 ●○○ 94

단풍 도장 찍는 재미에 풍덩
화려한 단풍 풍경 난이도 ●●○ 96

문지르면 낙엽이 나타나요
프로타주 가을 구성 난이도 ●○○ 98

색종이의 놀라운 변신
나뭇잎 컵받침 난이도 ●●○ 100

나무 도장 찍어서 실루엣 표현하기
노을 지는 가을 풍경 난이도 ●●○ 102

나뭇잎에 털실을 붙여요
알록달록 색실 나뭇잎 난이도 ●●○ 104

구김지에 사과를 찍어요
파피루스 사과 리스 난이도 ●●○ 106

사과 하나 드실래요?
도화지 입체 사과 난이도 ●●○ 108

우리집에 옥수수 다발 걸렸네
습자지 가을 옥수수 난이도 ●○○ 110

열매를 붙여서 얼굴을 만들어요
귀여운 도토리맨 난이도 ●○○ 112

가을밤에 어울리는
솔방울 촛대 난이도 ●○○ 114

종이를 오리고 꿰어서 만드는
종이 등장식 난이도 ●○○ 116

이겨라! 이겨라! 응원도구 만들기
과자봉지 폼폼 난이도 ●○○ 118

친척들과의 합작품
한가위 과일 나무 난이도 ●●○ 120

나는 글자 디자이너
한글날 타이포그래피 난이도 ●○○ 122

습자지를 붙이면 호박등이 나타나요
할로윈 호박 모자이크 난이도 ●○○ 124

10월에는 호박을 만들어요
할로윈 입체 호박 난이도 ●●○ 126

거미가 줄을 타고 올라갑니다~
구슬로 그리는 거미줄 액자 난이도 ●○○ 128

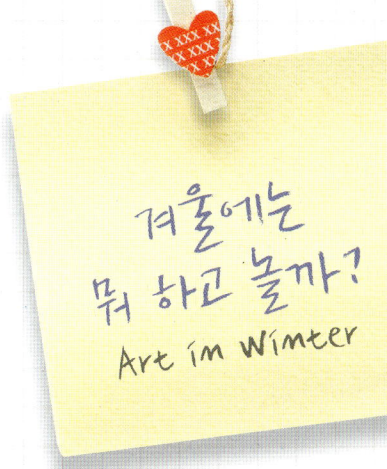

겨울에는 뭐 하고 놀까?
Art in Winter

테이프와 칫솔로 겨울 풍경 표현하기
테이핑 겨울나무 난이도 ●●○ 132

북채를 두드리면 별이 나타나요
스텐실 겨울밤 난이도 ●○○ 134

고대 유물 같은 느낌이 나요
알록달록 나뭇가지 액자 난이도 ●○○ 136

눈송이가 맛있어요
또띠아 눈송이 간식 난이도 ●○○ 138

나도 바느질할 수 있어요
스티로폼 눈꽃 모빌 난이도 ●●○ 140

종이를 오리면 눈꽃이 하늘하늘~
눈꽃송이 종이 전등갓 난이도 ●○○ 142

도넛과 과자로 눈사람 만들기
맛있는 눈사람 스낵 난이도 ●○○ 144

크리스마스 분위기 물씬~
크리스마스 종이컵 조명갓 난이도 ●●○ 146

나무 막대기를 붙이면 트리가 돼요
꼬마 크리스마스 트리 난이도 ●○○ 148

빛나는 달걀을 대롱대롱 매달아요
달걀 크리스마스 장식품 난이도 ●●● 150

울려라 울려라 종소리 울려~
달걀판 꼬마종 난이도 ●●○ 152

산타 할아버지, 조심하세요!
산타를 위한 크리스마스 촛대 난이도 ●○○ 154

양말 모자를 뒤집어 쓴
찬송하는 사람들 난이도 ●○○ 156

풍선을 빵 터트리는 재미가 최고!
털실 소원공 난이도 ●○○ 158

돌아라, 팽이야!
CD 회전혼합 팽이 난이도 ●○○ 160

내 사탕을 받아줘
발렌타인 하트 사탕꽃 난이도 ●●○ 162

나비는 선물을 싣고~
종이 나비 선물 포장 난이도 ●○○ 164

contents

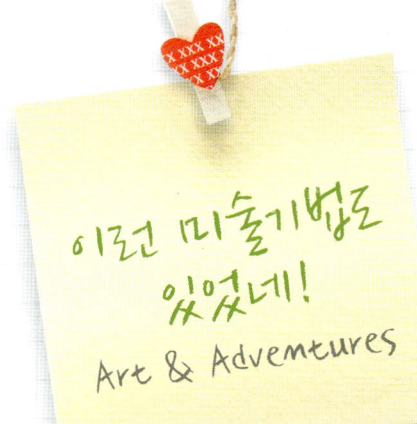

이런 미술기법도 있었네!
Art & Adventures

나는야 실 아티스트
우연적인 실 그림 난이도 ●○○ 168

쌩쌩, 바퀴로 색칠해요
자동차 바퀴 물감놀이 난이도 ●○○ 170

크레용을 녹이는 재미가 굿~
크레용 열처리 판화 난이도 ●○○ 172

나란히 나란히 그림을 놓아요
그림 늘이기 디자인 난이도 ●○○ 174

종이를 위로 아래로 엮어요
파도치는 종이 직조 난이도 ●●○ 176

무지개 비늘 하나만 줄래?
직조기법 무지개 물고기 난이도 ●●○ 178

색도화지를 블랜더에 갈아요
색도화지 종이죽 그릇 난이도 ●●○ 180

밀가루죽을 짜요 짜요~
밀가루죽 천 그림 난이도 ●●○ 182

나는 색깔 마법사
무독성 수채물감 만들기 난이도 ●○○ 184

우유에 무슨 일이 일어난 거야?
우유 마블링 놀이 난이도 ●○○ 186

아빠 면도 크림으로 놀아요
쉐이빙 크림 마블링 난이도 ●○○ 188

크레파스 없이도 멋진 작품 완성!
습자지 평면구성 난이도 ●●○ 190

흰색 종이의 우아한 변신
흰색 종이 구성 난이도 ●●○ 192

나는 거미줄 건축가
마시멜로 입체 거미줄 난이도 ●○○ 194

표정이 살아 있어요
얼굴 표정 관찰화 난이도 ●○○ 196

사과를 먹고 그리고
4단계 과일 관찰화 난이도 ●○○ 198

대칭의 미가 돋보이는
반사 패턴 디자인 난이도 ●●● 200

비즈와 실로 만드는
나만의 비즈 책갈피 난이도 ●●○ 202

핸드폰을 돋보이게 해 주는
리본 주름꽃 핸드폰 장식 난이도 ●●● 204

주변 재료로 놀아 볼까?
Art With Everything

옥수수 속에 뭐가 들었을까?
휴지심 옥수수 선물 포장 난이도 ●○○ 208

휴지심이 꽃으로 변해요
휴지심 꽃 모빌 난이도 ●●○ 210

애벌레가 움직여요
꿈틀꿈틀 휴지심 애벌레 난이도 ●●○ 212

페트병이 꽃으로 변해요
페트병 꽃 모빌 난이도 ●○○ 214

캔으로 나만의 로봇을 만들어요
깡통 로봇 가족 난이도 ●●○ 216

평면 박스가 입체 지구로 변신
시리얼 상자 지구본 난이도 ●●● 218

나만의 캐릭터를 만들어요
과일 야채 동물 친구 난이도 ●●○ 220

관다발 색이 변해요
샐러리 염색놀이 난이도 ●○○ 222

자르고 찍고 자르고 찍고
야채 도장 찍기 놀이 난이도 ●○○ 224

곡물을 이용한 평면 구성
씨앗 모자이크 난이도 ●●○ 226

먹을까, 연주할까?
종이접시 수박 탬버린 난이도 ●○○ 228

딱딱 찰랑찰랑 리듬악기
병뚜껑 캐스터네츠 난이도 ●○○ 230

부록(도안) 232

13

내 아이를 더욱 자라게 하는 미술놀이

미술놀이를 하면... 건강한 자아를 갖게 됩니다.

규진이가 세 살 무렵에 있었던 일입니다. 규진이는 종이 한 장을 방으로 가져가더니 연필로 콕콕 찍어 그림을 완성하고는 저에게 보여 주었습니다. 다소 파괴적인 방식으로 그림을 진행하는 모습에 심리적인 압박이 생겼는지 걱정이 되더군요. 그런 저에게 규진이는 "무엇을 그린 것 같아?"라고 물었는데, 제가 선뜻 대답하지 못하자 이렇게 설명해 주었습니다. "새를 그린 거잖아. 그거 굉장히 시끄러웠는데, 엄마는 정말 몰랐어?" 가을에 날아가는 철새 떼가 아이에게는 너무나 인상적이었던 나머지, 새떼들의 소리까지 그림으로 담아 가을 하늘을 뒤덮은 철새떼의 장관을 표현한 것이었습니다.

유아들에게 있어 미술은 마음의 표현입니다. '언어'는 자신이 알고 있는 정확한 의식적인 표현이라면, '미술'은 문자가 생겨나기 전부터 사용되었던 도구로서 자신도 모르는 무의식적인 표현입니다. 언어가 서투른 유아와 아동들에게 있어서 미술놀이가 더욱 필수적인 이유는 바로 여기에 있습니다. 미술은 언어로 표현하지 못했던 마음 속 이야기들을 표출할 수 있는 통로가 되고 감정을 발산하고 해소하게 해 줍니다. 이를 통해 아이들은 즐거움과 성취감을 느끼게 되고 시간이 지나면서 점점 더 건강한 자아를 갖게 됩니다. 현대 의학에서 미술놀이가 치료의 목적으로도 활용되고 있는 것을 보면, 미술놀이와 정서발달의 연관성이 얼마나 큰지 알 수 있습니다.

미술놀이를 하면... 작은 것도 소중히 여기게 됩니다.

미술놀이의 재료에는 제한이 없습니다. 종이상자나 병뚜껑, 스티로폼 접시, 알루미늄캔, 나뭇잎, 돌 등 일상에서 흔히 지나치게 되는 주변의 모든 것들이 창작활동의 재료가 됩니다. 이런 재료를 이용해 멋진 창작품을 만든 경험을 지닌 아이는 항상 주변을 관찰하고 탐구하는 습관을 가지게 되고 작은 것도 소중하게 생각하는 마음을 갖게 됩니다. 또 길거리의 돌멩이와 떨어지는 나뭇잎을 보고 무엇으로 응용할 수 있을지를 먼저 생각합니다. 이렇게 일상과 다르게 해석하는 습관이 몸에 배이면서 색다른 시각과 풍부한 아이디어를 지닌 아이로 성장하게 되는 것입니다.

미술놀이를 하면... 자율성과 창의력이 커집니다.

미술활동에는 정답이 없습니다. 그렇기 때문에 아이들은 스스로 원하는 방식으로 문제를 해결해 나가며 자율성을 기를 수 있습니다. 때로 작품을 완성해 나가는 과정 속에서 아이들은 크고 작은 어려움을 겪게 됩니다. 이때

규진이가 3살 때 그린 철새떼 작품

페트병으로 만든 꽃 모빌

스스로 또는 도움을 통해서 문제를 극복하기 위한 대안들을 찾게 됩니다. 이런 경험들이 쌓이고 확장되면서 문제를 해결하지 못했을 때 오는 좌절감과 두려움을 스스로 극복할 수 있게 되어 정서적으로 책임감 있고 자주적인 아이로 자라게 됩니다.

또 지속적으로 미술놀이의 다양성을 경험한 아이들은 스스로 창의력을 키워갑니다. '놀이'를 두려워하는 사람은 거의 없습니다. 무언가를 만들어 내는 것에 대한 두려움을 없애는 것이 창의력의 출발이라는 관점에서 본다면 '놀이'로 접근하는 미술활동은 창의력을 기르는 데 최선의 방법이 됩니다.

미술놀이를 하면... 종합적인 인지발달에 도움이 됩니다.

다양한 재료를 다루면서 소근육 활동이 이루어지고 오감놀이가 되는 것은 물론 뇌를 자극해 두뇌가 발달합니다. 또 재료를 접거나 조각내는 것을 통해 수와 도형의 개념을 접할 수 있으며, 색의 혼합이나 재료의 변화를 통해 과학적 사고를 높일 수 있습니다. 독후활동으로 이어지면 주제에 대한 이해도를 높여 주고, 매월의 행사를 주제로 한 미술놀이를 통하여 자연스럽게 절기의 유래와 의미를 배울 수 있습니다. 작업과정을 통해 논리력과 집중력이 길러지고, 완성물을 통해 자신감이 생기게 됩니다. 미술놀이는 그야말로 총체적인 인지 발달에 영향을 미치는 셈입니다.

미술놀이를 하면... 엄마와의 친밀감이 높아집니다.

미술놀이를 함께 진행하면서 아이가 어려워할 때 엄마가 옆에서 격려해 주고, 아이가 아이디어를 내거나 독창성 있는 시도를 할 때 엄마가 아낌없이 칭찬해 주면 아이는 더욱 안정되고 편안하게 마음껏 표현할 수 있습니다. 이렇게 즐겁게 진행되는 미술놀이 과정 속에서 엄마와 아이의 친밀감은 한층 깊어지게 됩니다.

얼마 전 훈육을 했을 때 연령에 따른 뇌파 반응에 대한 실험을 접했는데 그 결과가 무척 흥미로웠습니다. 유아들을 훈육하기에는 칭찬이 가장 효과적이었고, 성인의 경우에는 훈계에 가장 높은 반응을 보였지만, 사춘기 청소년들은 칭찬에도 훈계에도 별 반응이 없었습니다. 어떠한 방법으로도 훈육되지 않는 사춘기의 아이들에게도 유일한 훈육의 방법이 있었으니 그것은 '친밀감'이었지요. 밀착된 엄마와의 미술놀이를 통해서 엄마와 자녀는 마음의 대화를 나눌 수 있고, 대화를 통해 서로 신뢰와 친밀감을 쌓게 됩니다. 그런 의미에서 엄마와의 미술놀이는 자녀들의 올바른 성장을 위해 필수적인 활동입니다.

연령별 미술놀이 가이드

만 1~2세
- 이 시기에는 재료 탐색 위주로 미술놀이를 진행하는 것이 좋습니다. 무엇이든 입으로 가져가는 시기이므로 먹어도 되는 재료나 무독성 재료들을 주로 이용하세요.
- 두부, 달걀, 밀가루 등의 식재료는 촉감놀이를 하기에 좋습니다. 특히 밀가루는 농도에 따라 반죽놀이부터 죽으로 그리기까지 가능한 유용한 재료입니다. 또 케첩(빨강색), 머스터드 소스(노란색), 바비큐 소스(갈색), 마요네즈(흰색) 등의 소스류는 색감놀이의 좋은 재료가 됩니다.
- 그림은 주로 휘저으며 낙서를 하는 시기이므로 화폭의 크기를 전지 사이즈로 크게 주어 걷거나 찍기, 구르기 등 몸으로 체험하며 그림으로 표현하게 하는 것이 좋습니다.

만 2~3세
- 2~3세의 놀이 방법을 포함하여 더욱 다양한 재료를 접하게 함으로써 재료 탐색의 시간을 충분히 갖게 하고, 알고 있는 대로 자유롭게 표현하도록 유도해 주세요. 이 시기에는 훌륭한 결과물을 얻기보다는 과정에 충실한 미술놀이가 되도록 진행하는 것이 좋습니다.
- 긴장을 해소할 수 있는 도장 찍기, 붙이기, 습자지 찢기, 반죽놀이, 불기, 구겨서 붙이기, 번지기 등의 미술놀이를 권해 드려요.
- 아직은 휘저으며 그리는 시기이지만 동시에 묘사를 시작하는 시기입니다. 이때의 아동은 보는 것을 그리는 것이 아니라 아는 것을 그리는 시기이므로 사실화를 강조하는 수업은 좋지 않습니다.
- 마음껏 형태를 만들어 보고 촉감을 느끼며 재료의 특성을 탐색할 수 있는 비교적 쉬운 난이도 ●○○ 놀이를 우선적으로 진행해 보세요. 엄마가 도와주면 난이도 ●●○를 진행할 수도 있습니다.

만 4~7세
- 색다른 주제와 기법, 재료 등을 사용하면서 다양성을 배우고 창조적인 사고 능력이 폭발적으로 늘게 되는 시기입니다. 책에 소개된 재활용품이나 자연물 등을 이용한 색다른 미술놀이는 이러한 자극을 주는 데 큰 도움이 됩니다.
- 만들기와 그리기를 접목시킨 미술놀이로 아이들이 스스로 느끼고 인지할 수 있도록 도와주세요. 우리는 흔히 '그림은 평면 도화지에 그리는 것이고, 만들기는 입체물을 만드는 것'이

라는 고정관념을 갖고 있습니다. 또 미술을 하는 것은 평면 그림을 잘 그리는 것이라는 오해하는 있는 분들이 많습니다. 그 때문에 평면 작업을 더욱 중요시 여기고 강조하는 경향이 있어요. 하지만 아동미술에서 이러한 교육방식은 어떻게 그리는지에 대한 답을 알려줄 뿐, 여러 가지 방식으로 접근하여 자신이 스스로 다양한 답을 인지할 수 있는 기회를 앗아갑니다. 나뭇잎을 찍고 문질러 본 아이들은 나뭇잎을 그릴 때 다양한 생김과 잎맥도 표현할 줄 알게 됩니다. 눈꽃을 오려본 아이는 그림으로 겨울눈을 표현할 때 동그란 점 하나로 그치는 일이 없습니다. 도넛 눈사람 스낵을 만들어 본 아이는 훨씬 더 이야기가 있고 의인화된 눈사람을 그림으로 표현해낼 줄 압니다. 즉 그림과 만들기가 별개라고 생각하지 마시고, 그림을 이용해 만들고 만든 것을 이용해 그림으로 구성하는 등 다양한 방법을 경험하게 해 주세요.

● 낙서와 같은 그림을 뛰어 넘어 묘사를 할 줄 알게 되는 시기입니다. 5~6세의 아동은 알고 있는 것을 상징적으로 그리게 되고, 7~8세의 아동은 아는 것을 사실적으로 표현하기 위해 노력합니다. 이 시기는 아이의 과정과 노력에 아낌없이 칭찬해 주어 결과보다 과정을 즐길 수 있도록 유도하는 것이 좋습니다.

● 책에 제시되어 있는 모든 놀이가 가능합니다. 난이도 ●○○과 난이도 ●●○ 모두 어렵지 않게 진행할 수 있으며, 엄마의 도움으로 난이도 ●●●을 진행할 수도 있습니다.

만 8세 이후

● 집중력과 관찰력을 필요로 하는 단계식 작업이 가능하므로 섬세한 오리기 작업이나 조형성을 요하는 디자인 작업, 단계별로 진행하는 관찰화 등을 진행하여 다양한 분야의 조형작업을 경험하게 해 주는 것이 바람직합니다.

● 그림이 도식화되는 시기이므로 그림에 자신이 없어지는 억압적인 시기가 됩니다. 따라서 자신 있게 표현할 수 있도록 장려해야 합니다. 전문적인 미술지도를 시작하기에 좋은 시기이며, 자신 있게 표현할 수 있는 다양한 방법들을 배워 나간다면 청소년기 이후에 표현법을 발전시켜 나가는 부활의 시기를 맞을 수 있습니다.

● 난이도 ●●○와 난이도 ●●● 놀이를 어렵지 않게 진행할 수 있습니다.

이런 놀이가 담겨 있어요!

유아부터 초등학생까지 놀이 시간을 책임진다!
창의력을 키워줄 절호의 시기인 유초등 기간을 놓치지 마세요! 이 시기에 미술놀이를 통해 자아를 표현하고 작품을 완성한 경험이 많을수록 남다른 자신감과 창의력을 갖게 됩니다. 유아가 좋아하는 탐색놀이, 촉감놀이부터 초등학생이 시도해볼 만한 만들기, 디자인 놀이까지 난이도별로 골고루 수록했습니다.

1년 미술놀이, 이 책 한 권이면 OK!
봄에는 꽃과 나비의 화사함을 표현해 보고, 가을에는 단풍으로 꾸며 보는 등 계절별로 즐길 수 있는 자연놀이와 생활놀이를 제시합니다. 2월에는 발렌타인데이, 10월에는 할로윈데이, 12월에는 크리스마스 등 시기별 기념일이나 절기에 관련된 놀이도 수록했습니다. 봄부터 겨울까지 1년 내내 아이와 뭐 하고 놀지 이제 고민하지 마세요.

미술학원 안 부러운 다양한 커리큘럼!
집에서 엄마와 미술놀이를 하다 보면 아이디어가 부족해서 크레파스로 그리기, 종이비행기 접기 등 단순한 유형에서 벗어나기 어렵습니다. 이 책은 여러 가지 기법의 회화뿐만 아니라 평면조형, 입체조형, 콜라주, 디자인 등 다양한 미술기법을 100가지 놀이에 녹여서 탄탄한 커리큘럼으로 제시합니다.

과정은 소박, 재미는 대박!
준비와 과정만 복잡하고 재미는 없는 미술놀이는 No! 엄마가 한 시간 준비했는데 아이는 1분 만에 돌아서는 놀이도 No! 두 아이와 12년 동안 미술놀이를 해 온 엄마의 경험을 토대로, 준비와 놀이 과정은 간단하면서 아이가 흥미를 가지고 적극적으로 참여하는 미술놀이만 골랐습니다.

미술짱 엄마도 따라하기 쉬운 설명!
놀이과정을 2~3 Step으로 간단히 정리하고 전 과정을 사진으로 보여 주어, 놀이과정을 한눈에 이해하고 따라갈 수 있도록 했습니다. 또 낯선 미술용어를 해설해 주고, 놀이의 효과와 설명 포인트를 짚어 주어 미술에 자신 없는 엄마들도 쉽고 효과적으로 진행할 수 있도록 도와줍니다.

이렇게 놀면 더 재미있어요!

아이가 원할 때가 시간표예요.
학원처럼 정해진 시간이 있는 것이 아니라, 아이가 원할 때 언제든지 할 수 있다는 것이 엄마표 미술놀이의 큰 장점입니다. 아이가 심심해할 때, 좋은 재료가 생겼을 때, 독후활동을 하고 싶을 때 등 아이가 원하는 시간에 하면 가장 좋습니다.

아이가 원하는 놀이를 고르세요.
계절에 어울리는 놀이를 통해 아이들은 자연의 변화를 온몸으로 느끼고 체험할 수 있어요. 또 다가오는 기념일이나 절기에 관련된 놀이를 통해 그 유래와 의미를 알게 되지요. 하지만 아이가 다른 놀이를 원한다면 그것부터 진행하세요. 놀이의 기준은 항상 아이니까요.

재료나 과정의 부담을 줄이세요.
이 책의 놀이들은 대부분 문구점에서 파는 값싼 재료들이나 주변에서 쉽게 구할 수 있는 재활용품, 자연물 등을 이용했습니다. 재료 한두 개가 없다고 놀이를 포기할 필요는 없습니다. 다른 재료로 대체하거나 중요하지 않은 재료라면 생략해도 됩니다. 놀이방법도 그대로 따라하실 필요는 없습니다. 아이 나이나 관심사에 따라 바꿔서 진행하세요. 미술놀이는 정답이 있는 게 아니니까요. 멋진 결과물보다 놀이를 즐기는 과정 자체가 더 중요하니까요.

격려와 칭찬을 듬뿍 해 주세요.
아이에게는 그림을 잘 그리는 엄마보다 함께 놀아 주고 즐거워해 주는 친밀한 엄마가 필요합니다. 미술놀이는 학습이 아닌 창작활동이므로 언제든지 자녀의 실수를 너그럽게 받아 주고 격려와 칭찬을 듬뿍 해 주세요. 가족의 칭찬과 격려라는 영양분을 받으며 자란 아이들은 더욱 인성 깊은 어른으로 성장하게 됩니다.

아이 작품을 집에 전시해 주세요.
아이가 완성한 미술작품을 가족 모두가 잘 볼 수 있는 곳에 걸어두고 실제로 사용할 수 있는 작품은 사용하도록 하는 것이 좋습니다. 아이들은 집안에 걸려있는 자신의 작품을 보면서 자부심을 느끼게 되고, 과정 속에서 얻게 된 결실의 기쁨을 항상 느낄 수 있어 모든 활동에 최선을 다하는 아이로 성장할 것입니다.

봄에는 뭐 하고 놀까?
Art in Spring

봄이면 우리를 설레게 하는 화사한 꽃과 나비,

초록빛 새싹들은 미술놀이의 좋은 주제가 되지요.

아이와 산책길에서 만나는 봄의 주인공들을 마음껏 감상하고

이들을 소재로 한 미술놀이를 진행해 보세요.

습자지를 구겨서 붙이면 화려한 나비가 되고, 손도장을 찍어서 나뭇가지에

붙이면 알록달록 화분이 된답니다. 아이와 즐겁게 놀이한 후

완성품을 장식하면 집안에 봄기운이 가득해질 거예요.

봄에 맞는 기념일인 삼일절에는 음식으로 태극기를 만들어 보시고,

가족의 달인 5월에는 가족사진으로 퍼즐을 만들어 보세요.

온가족이 함께 퍼즐 맞추는 재미에 빠지며

가족 사랑을 확인할 수 있을 거예요.

손바닥 도장의 변신
복실복실 아기양

- 주제 : 양
- 주요 기법 : 손도장 찍어 꾸미기
- 난이도 : ●○○

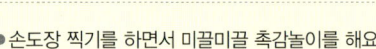

유아들에게는 형태를 그리고 구성하는 미술놀이보다 재료를 느끼고 탐색하는 놀이가 선행되어야 해요. 물감놀이를 할 때도 힘 조절을 하기 어려운 붓보다는 스펀지나 면봉을 사용하는 것이 좋고, 그보다 더 좋은 것은 손으로 직접 만지고 느끼면서 색을 섞어 보는 거예요. 따라서 풀그림 놀이나 손도장 찍기는 유아 미술놀이 초기에 아주 적합한 놀이지요. 아이와 함께 신나게 손도장 찍기 놀이를 한 다음, 손도장에 솜을 붙여 양을 표현해 보세요. 아이들은 자신의 손도장이 아기 양으로 변하는 과정을 무척 신기해한답니다.

준비물

흰 도화지, 검정색 물감, 붓, 사인펜, 솜, 일회용 접시, 눈알, 풀, 초록색 계열의 종이, 가위

이런 점이 좋아요
- 손도장 찍기를 하면서 미끌미끌 촉감놀이를 해요.
- 손바닥의 변신을 통해 창의력을 키워요.
- 어렵지 않게 양을 표현할 수 있어요.

022 봄에는 뭐 하고 놀까?

Step 1 손바닥 도장 찍기

검정색 물감을 손바닥에 묻힌 뒤 흰 도화지에 손바닥을 두 번 찍어요. ★붓을 이용하면 손바닥에 고루 묻어요.

여러 장을 찍어서 가장 깨끗하게 잘 찍힌 것을 선택해요.

찍어낸 손바닥 위에 솜을 풀로 붙여 양의 몸을 표현해요. ★둥근 솜이 없다면 솜을 조금씩 뜯어 둥글게 뭉쳐서 사용해요.

Step 2 양과 풀 표현하기

엄지손가락에 눈알을 붙이고, 사인펜으로 귀와 코, 입, 꼬리 등을 그려요.

초록 계열의 종이를 접어서 가위집을 넣어요.

도화지의 아랫부분에 종이로 만든 풀밭을 붙인 뒤 자연스럽게 보이도록 만져 줘요.

손도장으로 사자, 꽃게 등 다양한 동물을 표현해 보세요. 작품을 액자에 넣어서 전시해 주면 아이들은 더 큰 성취감을 느껴요.

손도장을 찍어서 화분을 만들어요
알록달록 손도장 나무

주제 : 꽃나무

주요 기법 : 손도장 찍어 조형하기

난이도 : ●○○

준비물

도장 찍기: 색도화지, 무독성 물감, 일회용 접시, 붓 **화분**: 깡통, 마끈이나 색도화지, 나뭇가지, 가위, 글루건이나 테이프

아이들이 좋아하는 손도장 찍기 놀이를 실컷 해볼 수 있는 놀이예요. 도화지 색과 물감 색을 바꿔 가며 여러 색깔의 손도장을 만들어 보세요. 이렇게 만든 손도장을 오려서 나뭇가지에 붙이면 알록달록 화사한 화분이 된답니다. 아이들은 손도장이라는 평면작업이 입체조형으로 연결되는 것을 경험하게 됩니다. 또 흙에 나뭇가지를 심으면서 자연미술 활동도 겸할 수 있어요.

이런 점이 좋아요

- 손도장 찍기를 하면서 미끌미끌 촉감놀이를 해요.
- 색감이 섞이는 것을 관찰해요.
- 평면의 손바닥이 공간 조형으로 이어지는 과정을 경험해요.

Step 1 손바닥 도장 찍기

일회용 접시에 물감을 덜어 놓고, 색도화지에 손바닥 도장 찍기를 해요. ★붓을 이용해 여러 색의 물감을 묻혀요.

도화지 색과 물감 색을 다양하게 사용해서 여러 장의 손바닥 프린트를 만든 후 잘 말려요.

손바닥 프린트를 가위로 오려요.

Step 2 화분 꾸미기

빈 깡통에 마끈을 감거나 색도화지를 붙여서 화분을 만들어요.

화분에 흙을 담고 나뭇가지를 보기 좋게 심어요.

글루건이나 테이프로 나뭇가지에 손바닥 나뭇잎을 붙여요. ★아이가 자유롭게 구성해 보도록 유도해 주세요.

손도장 꽃이 피었어요!

멋진 손바닥 화분이 완성됐어요. 손바닥 프린트를 이용해 또 무엇을 만들 수 있을까요? 아이와 마음껏 상상하고 도전해 보세요.

커피필터 종이 나비

번져라 번져라 나비 날개야

주제 : **나비**
주요 기법 : **번지기**
난이도 : ●○○

준비물
원형 커피필터나 키친타월, 수성 사인펜, 분무기, 모루

나비의 예쁜 날개를 어떻게 하면 아름답게 표현할 수 있을까요? 간단하면서도 화려한 무늬를 만들 수 있는 방법이 바로 '번지기 기법'이에요. 여러 색의 사인펜으로 색칠한 후 물을 뿌리기만 하면 화려하고 신비로운 느낌의 나비 날개를 표현할 수 있어요. 아이들은 분무기를 맘껏 뿌리는 재미와 사인펜이 번지는 신기한 모습 때문에 순식간에 여러 장의 날개를 만들어 내곤 한답니다.

이런 점이 좋아요

- 색이 번지고 섞이는 과정을 관찰해요.
- 번지기 놀이로 아이들의 긴장이 해소돼요.

Step 1 커피필터에 색깔 입히기

수성 사인펜으로 커피필터에 여러 색을 칠해요. ★커피필터가 없으면 키친타월을 동그랗게 오려서 사용해요.

분무기로 커피필터의 중심부에 3~4회 물을 뿌려요. ★20cm 정도 거리를 두고 분무하는 것이 효과가 좋아요.

색이 번져 나가는 것을 관찰하고, 필요한 부분에 1~2회 물을 더 뿌려요.

우와! 색이 번져요!

Step 2 나비 모양 만들기

여러 장을 만든 후, 헤어드라이어로 말려요.

커피필터의 중심을 모아서 모루로 감아요. 모루 끝을 구부려 더듬이 모양을 만들어요.

만들어진 여러 개의 나비를 모아 컨테스트도 하고 동요를 부르며 놀아 보세요. 또 화분에 올려 놓아 봄의 분위기를 연출해 보세요.

화려한 습자지 나비

구겨서 붙이면 나비가 나와요

주제 : 나비
주요 기법 : 붙여서 표현하기
난이도 : ●○○

아이와 산책을 하다가 나비를 자주 발견하게 되는 계절입니다. 아름답고 오묘한 나비 날개를 자세히 관찰한 후 미술놀이와 연결시켜 보세요. 습자지를 붙이기만 하면 되므로 유아도 쉽게 작업할 수 있고, 습자지의 볼륨감 덕분에 입체적인 나비를 완성할 수 있어요. 화려한 색감의 습자지를 이용해 아름다운 나비의 날개를 표현하다 보면, 어느새 나비의 매력에 푹 빠질 거예요.

준비물

도화지, 여러 색감의 습자지나 한지, 물풀, 연필, 지우개

이런 점이 좋아요
- 화려함을 표현하기 위한 색감 사용법을 익혀요.
- 자연 관찰 놀이와 연계시킬 수 있어요.
- 부드러운 습자지를 사용하면서 긴장이 해소돼요.

028 봄에는 뭐 하고 놀까?

Step 1 나비 그리기

도화지에 나비를 크게 스케치해요. ★습자지를 붙여야 하므로 간단하게 그려요.

여러 색의 습자지를 4~5cm 사각형으로 잘라서 준비해요.

Step 2 습자지 붙이기

습자지 한 장을 동그랗게 뭉친 뒤 물풀을 묻혀서 도화지에 붙여요.

원하는 색으로 꼼꼼하게 붙여요. 날개가 화려하게 표현될 수 있도록 유도해 주세요.

같은 방법으로 과일, 하트, 꽃, 크리스마스 트리 등 다양한 소재를 표현해 보세요.

뽕뽕이 꽃이 피었어요
폭신폭신 뽕뽕이 화분

주제 : 꽃나무

주요 기법 : 꽂으면서 조형하기

난이도 : ●●○

준비물

뽕뽕이, 철사나 모루, 스티로폼 접시, 작은 화분, 가위

유아들의 미술놀이에는 딱딱하고 거친 소재보다 솜이나 스펀지, 습자지, 밀가루처럼 부드럽고 가벼운 소재를 활용하는 것이 좋아요. 부드러우면서 동시에 고운 색감을 느낄 수 있는 것이 바로 '뽕뽕이'이지요. 여러 색의 뽕뽕이를 철사에 끼워서 나만의 꽃나무를 표현해 보세요. 얇은 선과 덩어리를 조합한 흥미로운 unit들을 통해 리듬감도 느낄 수 있어요.

이런 점이 좋아요

● 뽕뽕이를 철사에 꽂으면서 손의 협응력과 집중력을 키워요.
● 철사를 구부리면서 입체 조형을 체험해요.

Step 1 뽕뽕이에 철사 꽂기

철사를 10~12cm 길이로 여러 개 준비해요.

뽕뽕이의 중심에 철사를 조심스럽게 꽂아요. ★철사가 힘이 없어 꽂기 어려우면 모루를 이용해요.

Step 2 화분에 철사 꽂기

스티로폼 접시를 화분 크기에 맞게 잘라서 넣은 후, 철사를 끼운 뽕뽕이를 스티로폼 접시에 꽂아요.

이렇게 구부려 볼까?

철사를 여러 방향으로 구부려서 자연스러운 나무 모양을 연출해요.

완성 후 잘 보이는 곳에 전시해서 아이가 뿌듯함을 맛보도록 해 주세요.

화분이 없다면 스티로폼 접시에 꽂아서 입체조형을 완성해요.

우리집에 봄이 들어왔어요
달걀판 화환

주제 : 꽃
주요 기법 : **오리고 색칠하기**
난이도 : ●●○

준비물
종이 달걀판, 물감, 일회용 접시, 붓, 가위, 뽕뽕이, 목공풀

달걀판의 두툼한 종이를 보고 있노라면 이를 활용할 수 있는 미술 작업들을 모색하게 됩니다. 달걀이 담기는 동그란 부분을 잘라서 종을 만들기도 하고, 악어나 거북이와 같은 동물을 표현하기도 하는 등 달걀판의 활용법은 아주 다양하지요. 그 중에서도 봄을 맞아 달걀판을 이용해 화환을 만들어 보세요. 아이들은 달걀판의 오목한 부분이 화려한 꽃송이로 탈바꿈하는 과정을 체험하며 무척 신기해한답니다.

이런 점이 좋아요

● 달걀판의 재활용을 경험해요.
● 재료의 특징을 관찰하고 활용할 줄 알게 돼요.
● 아이의 작품으로 집안을 화사하게 꾸며요.

Step 1 꽃송이 만들기

달걀판의 오목한 부분을 오린 후, 가위로 잘라서 꽃잎을 표현해요.

약 12개의 꽃을 만들어요.

물감으로 꽃을 예쁘게 채색해요. ★아크릴 물감으로 작업하면 빨리 건조되어 좋아요.

Step 2 화환 만들기

일회용 접시의 중심을 오려 내어 화환 모양을 만들고, 초록 계열의 색으로 화환을 채색해요.

꽃이 다 말랐으면 중심에 뽕뽕이를 풀로 붙여요.

목공풀이나 글루건을 이용해 꽃을 접시에 붙여요.

달걀판으로 만들었다고 믿기 어려울 만큼 멋진 화환이 완성됐어요. 화환을 문에 걸어두어 집안을 환하게 장식해 보세요.

종이컵 꽃다발
내 부케를 받아 줘요

주제 : 꽃
주요 기법 : **오려서 조형하기**
난이도 : ●●○

준비물
여러 색의 종이컵 4~5개, 빨대 4~5개, 모루, 펀치, 가위, 단추나 비즈

꽃을 만드는 재료와 방법은 아주 다양하지요. 색종이로 접어서 만들기도 하고, 습자지를 구겨서 표현할 수도 있어요. 또는 다양한 재료들을 이용해 콜라주로 표현하기도 하지요. 그 중에서 색깔 종이컵으로 꽃을 만드는 방법을 소개해 드릴게요. 종이컵에 구멍을 내어 모루를 꿰는 과정도 재미있지만, 아이들은 부피감 있는 종이컵이 납작한 꽃으로 바뀌는 과정을 가장 좋아한답니다.

이런 점이 좋아요
● 꽃을 만드는 새로운 기법을 배워요.
● 미술활동을 통한 모양의 변화를 체험해요.
● 구멍에 모루를 끼우며 집중력을 길러요.

Step 1 종이컵 자르고 구멍 내기

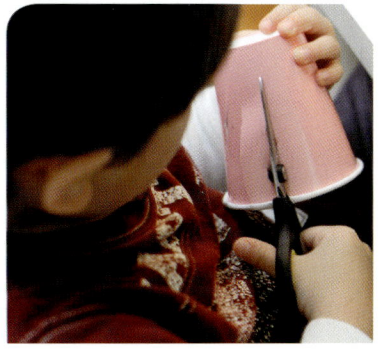

가위로 색종이컵을 1.5cm 간격으로 잘라요. ★거의 바닥선까지 잘라야 꽃 모양으로 펼치기 좋아요.

펀치를 이용해 컵의 끝부분에 구멍을 뚫고, 컵 끝에 둥글게 말린 부분을 가위로 잘라 내요.

Step 2 컵에 모루 끼우기

단추나 비즈를 모루의 중심에 끼워요.

컵 바닥 중심에 십자로 칼집을 넣은 후, 단추를 끼운 모루를 넣어요.

모루를 컵의 구멍에 차례로 끼워요.

Step 3 꽃 모양 만들기

와! 종이컵이 납작해졌어요!

납작하게 눌러 꽃의 모양을 만들고 단추를 넣어 마무리해요.

모루를 꼰 후 빨대에 끼워 넣으면 완성이에요.

색깔별로 여러 송이를 만든 후, 화분 사이사이에 넣거나 꽃병에 꽂아 주세요.

하트로 무슨 동물을 만들까?
하트 동물 농장

주제 : **동물**
주요 기법 : **오려 붙여서 표현하기**
난이도 : ●●○

준비물
색도화지나 색종이, 풀, 가위, 연필, 눈알

화창한 봄날에 동물원 구경을 다녀온 뒤, 아이들과 동물을 주제로 한 미술놀이를 진행해 보세요. 동물을 표현하는 방법은 무궁무진하지만, 이번에는 특이하게도 하트 형태만으로 다양한 동물들을 표현해 보았답니다. 정해진 방법이 있는 것이 아니므로 아이와 함께 자유롭게 상상하며 표현해 보세요. 완성 후 하트 동물농장을 만들어 인형극도 해 보시고요.

이런 점이 좋아요
● 동물들의 생김새와 특징을 알게 돼요.
● 하트 활용법을 생각하며 창의력을 키워요.
● 상상의 동물을 만들 수 있어요.

036 봄에는 뭐 하고 놀까?

Step 1 하트 준비하기

색도화지를 반으로 접어 반쪽 하트를 그린 후 오려요. ★반으로 접으면 대칭으로 만들기 쉽고, 접힌 자국으로 인해 입체감이 생겨요.

오린 하트를 펼쳐서 준비해요. 다양한 색과 크기의 하트를 만들어요.

Step 2 다양한 동물 표현하기

만들어 놓은 하트를 풀로 붙여서 다양한 동물들을 표현해 보세요. 눈을 제외한 다른 부분은 모두 하트로 만들도록 유도해 주세요.

클로버 세 장을 붙이면 입체로 변신
입체 클로버 모빌

주제 : **클로버**

주요 기법 : **오려 붙이기**

난이도 : ●●○

준비물

초록색 계열의 색도화지나 색종이, 실, 가위, 풀, 연필

잔디와 더불어 드넓게 퍼지는 클로버를 자주 접하게 되는 계절입니다. 아이와 행운의 상징인 네잎클로버 찾기 놀이를 하면서 클로버의 생김새를 관찰해 보고, 집에 돌아온 후 같이 클로버를 만들어 보세요. 초록 계열의 종이를 오려서 클로버를 만들고 세 장을 붙여서 입체 모빌을 완성하다 보면, 초록 봄의 기운이 더욱 가깝게 느껴질 거예요.

이런 점이 좋아요

- 종이로 입체 모빌을 쉽게 만들 수 있어요.
- 여러 가지 초록 색감의 종이로 변화와 통일감을 느껴요.

Step 1 클로버 모양 오리기

클로버의 본을 준비해요. 종이를 반으로 접어서 그리면 간단해요. ★아이가 가위질에 익숙하다면 가운데가 뚫린 것도 만들어요.

종이를 반으로 접어 클로버의 본을 대고 그린 후 가위로 잘라요.

크기가 같은 클로버를 12장 만들어요. ★클로버 잎 3장으로 입체 클로버 1개를 만들 수 있어요.

Step 2 모빌 만들기

풀을 칠해 클로버의 반쪽과 반쪽을 붙여요.

세 번째 잎을 붙일 때 중심에 실을 넣어 마무리해요. ★풀칠을 꼼꼼하게 해야 중심의 실이 움직이지 않아요.

> 클로버대신 하트, 별 등 다른 모양으로도 응용해 보세요.

> 무지개색 원기둥을 붙여서 '무지개 바람개비'도 만들어 보세요. 실의 양끝을 잡고 바람을 불면 뱅글뱅글 돌아가요.

입체 꽃송이 모빌

하트가 꽃송이로 변해요

주제 : 꽃
주요 기법 : 종이 접어 오려 붙이기
난이도 : ●●○

준비물
빨간 계열의 색도화지, 풀, 실, 가위, 연필

🌻 봄을 맞아 창가에 매달아 두기 좋은 꽃송이 모빌이에요. 도화지를 접고 오려서 하트 꽃을 만드는 과정도 재미있지만, 하트꽃 4개를 붙이면 입체 꽃송이가 되는 과정이 무척 흥미로운 놀이예요. 평면이었던 종이가 미술활동을 통해 입체로 변하는 매력을 아이와 함께 체험해 보세요. 재료 준비도 간단하고 만드는 방법도 쉬워서 누구나 완성도 있게 만들 수 있어요.

이런 점이 좋아요
● 평면 종이가 입체 꽃으로 바뀌는 것을 경험해요.
● 종이 접기를 하면서 마음이 차분해져요.

040 봄에는 뭐 하고 놀까?

Step 1 종이 접기

| 열십자 접기 ▶▶ | 펼친 후 대각선 접기 ▶▶ | 펼친 후 삼각 마주보기로 접기 |

빨간 계열의 색도화지를 정사각형으로 자른 후, 위 순서로 접어요.

Step 2 하트꽃 네 개 만들기

접은 종이에 동그란 컵을 대고 하트를 그려요.

선을 따라 오려요.

펼치면 꽃잎이 하트 모양인 꽃이 돼요. 두 가지 색으로 총 4개의 꽃을 만들어요.

Step 3 하트꽃 붙이기

삼각 마주보기로 접어서 하트의 한쪽 면에 풀칠을 하고 다른 색감의 하트를 붙여요.

4장의 하트를 같은 방법으로 붙인 후, 마지막 하트와 맨 처음 하트 사이에 실을 넣고 마주보게 붙여요.

> 도화지의 크기를 다양하게 사용하면 크고 작은 모빌을 만들 수 있어요. 침대 위에 여러 개를 매달아 두면 아이들이 너무 좋아해요.

날개를 대칭으로 꾸며요
종이접기 나비모빌

- 주제 : 나비
- 주요 기법 : 종이 접어 장식하기
- 난이도 : ●●○

종이접기는 손의 협응력과 집중력을 높여 주는 것으로 유명하지요. 뿐만 아니라 만드는 방법에 안 나온 부분을 상상하며 접게 되므로, 이를 통해 추리력과 창의력이 길러지고 두뇌 계발에도 도움이 됩니다. 이렇게 많은 장점을 지닌 종이접기 방법으로 나비를 표현해 보세요. 평면인 종이를 접어서 입체감 있는 모양을 표현하고 예쁘게 장식한 후, 균형과 무게 중심을 잡아 모빌로 활용하는 조형작업을 소개해 드릴게요.

준비물

색도화지, 모루, 풀, 사인펜, 가위, 테이프, 실, 장식용 비즈나 스티커, 글루건

이런 점이 좋아요
- 종이접기를 통해 손의 협응력이 생겨요.
- 나비 날개를 꾸미며 대칭의 미를 느껴요.
- 모빌을 만들며 무게중심을 체험해요.

042 봄에는 뭐 하고 놀까?

Step 1 나비 모양 접기

색도화지를 15×15cm로 자른 후, 삼각형이 되도록 반으로 접고 또 반으로 접어요.

중심이 되는 부분을 30~45도 사이의 각이 되도록 사진과 같이 접어요.

펼쳐서 입체적인 나비가 되도록 모양을 잡아요.

Step 2 나비 모양 만들기

사인펜으로 나비의 몸통을 그려요.

사각형으로 다시 펼쳐서 풀을 칠해요.

삼각형의 앞뒷장을 붙여 나비 모양을 만들어요.

Step 3 날개 장식하기

왼쪽에 하나, 오른쪽에 하나!

약 2~2.5cm

비즈나 스티커로 나비의 날개를 장식해요.
★한쪽으로 치우치지 않아야 하므로 양쪽 날개가 대칭이 되도록 해요.

모루를 반으로 접은 뒤 양쪽 끝을 둥글게 말아 더듬이를 만들고 나비의 안쪽에 글루건으로 붙여요. 무게 중심을 잡아 구멍을 뚫고 실을 넣어 매듭지어요.

실을 나뭇가지나 나무 젓가락에 연결해 모빌을 완성해요. 젓가락을 움직이며 역할놀이도 해 보세요.

나비의 한살이
애벌레에서 나비가 되기까지

- 주제 : 나비
- 주요 기법 : 오리고 꾸미기
- 난이도 : ●●○

준비물
실, 모루, 눈알, 뿅뿅이, 가위, 풀, 일회용 접시, 연필, 도화지나 색종이(초록, 노랑)

아름다운 나비가 되기 위해서는 알에서 애벌레로, 애벌레에서 번데기로, 번데기에서 나비로 탈바꿈하는 탈피의 과정을 겪어야 하지요. 나비의 성장에 관한 책을 읽은 후, 나비의 한살이를 표현해 보세요. 자연에 대한 호기심을 키우는 계기가 될 거예요.

이런 점이 좋아요

- 나비의 생애에 대해 쉽게 이해해요.
- 인지와 창작활동이 함께 이루어져요.

Step 1 나뭇잎 오려붙이기

미술놀이에 앞서 나비와 관련된 책을 읽어요.

초록색 종이에 나뭇잎 3장을 그려서 가위로 오린 후 일회용 접시에 붙여요.

Step 2 알에서 번데기까지

첫 번째 나뭇잎에 뽕뽕이를 붙여 나비의 알을 표현해요.

나는 배고픈 애벌레예요.
모루를 두 겹으로 꼬고 눈알을 붙여 애벌레를 만들어서 두 번째 나뭇잎에 붙여요.

실을 감아 번데기를 만들어서 세 번째 나뭇잎에 붙여요.

Step 3 나비 만들기

종이를 반으로 접어 비대칭 하트 모양으로 나비를 그린 후 가위로 오려요.

펜으로 예쁘게 장식한 후 풀로 붙여요.

나비의 성장단계 이름표를 알→애벌레→번데기→나비와 같이 써 붙여요.

두둥실 솜 구름

뽀송뽀송 솜이 모여 구름이 됐어요

주제 : **구름**
주요 기법 : **붙이며 표현하기**
난이도 : ●●○

준비물
솜, 방울 5개, 실, 풀, 펀치, 돗바늘이나 철사 약간, 구름에 관한 책

하늘의 구름을 보며 무슨 모양인지 이야기해 보는 놀이는 누구나 한 번쯤 해봤을 거예요. 아이와 구름을 관찰한 후 구름에 관한 책을 읽으며 물의 순환에 대해 알려 주고, 나아가 미술놀이로 연결시켜 보세요. 솜으로 구름을 표현하고, 구름이 무거워지면 비가 내리는 것을 방울로 표현해요. 이런 단계적인 작업을 통해 아이들은 책의 내용을 쉽게 이해할 수 있어요. 방울 소리로 빗소리를 표현하면서 구름 이야기를 나눠 보세요.

이런 점이 좋아요
● 물의 순환에 대해 쉽게 이해해요.
● 창작표현의 범위를 청각활동까지 넓혀요.

Step 1 구름 오리기

구름에 관한 책을 읽고 이야기 나눠요.

하늘색 도화지에 구름을 그려서 오려요.

펀치를 이용해 구름의 아랫부분에 적당한 간격으로 구멍 다섯 개를 뚫어요.

Step 2 구름과 비 표현하기

풀을 이용해 구름에 솜을 붙여요.

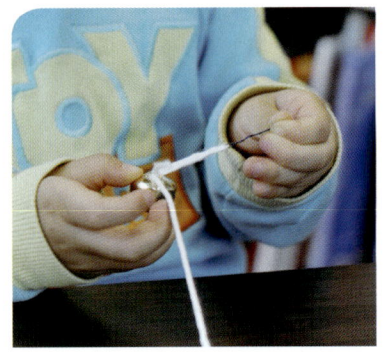
실을 30cm 길이로 다섯 가닥을 잘라 돗바늘이나 철사에 끼워 방울을 꿰어요.

빗소리가 나요!

구름의 구멍에 방울을 매단 실을 끼워서 묶어요. ★방울 소리가 빗소리와 비슷해서 더욱 흥미로워져요.

우르릉 쾅쾅!

완성된 구름을 보며 물의 순환에 대해 이야기 나눠요. 구름을 하나 더 만들어서 서로 다른 두 개의 구름이 만나 천둥이 치는 놀이도 진행해 보세요.

태극기가 맛있어요
삼일절 과일 태극기

● 주제 : 삼일절
● 주요 기법 : 자르고 표현하기
● 난이도 : ●○○

삼일절을 맞아 아이와 함께 태극기를 만들어 보는 건 어떨까요? 세계적으로 우리나라의 국기만큼 철학적인 의미가 담긴 국기는 없다고 합니다. 태극기의 흰 바탕은 밝음과 순수·평화를 사랑하는 민족성을 상징하고, 태극 문양은 음과 양의 조화를 형상화한 것이지요. 4괘는 건(하늘), 곤(땅), 감(물 또는 남자), 리(불 또는 여자)를 상징하고요. 아이들이 좋아하는 쿠키와 과일로 국기를 만들면서 태극기의 의미에 대해 들려 주세요.

이런 점이 좋아요
● 태극기의 구성과 의미를 쉽게 이해해요.
● 미술활동이 간식으로 이어져서 더 흥미로워해요.

준비물
태극기 프린트물, 큰 접시나 쟁반, 비닐랩, 플라스틱 칼, 흰색 음식(가래떡이나 바나나, 마시멜로 등), 빨간 음식(딸기나 방울토마토), 파란 음식(포도나 블루베리), 막대 과자

048 봄에는 뭐 하고 놀까?

Step 1 재료 준비하기

큰 접시나 쟁반에 태극기 프린트물을 올리고 랩을 씌워요.

조심, 조심! 나도 썰 수 있어요!

재료들을 올려 놓기 좋게 납작하게 썰어요.
★플라스틱 칼을 이용해 직접 썰어 보게 해요.

Step 2 태극기 표현하기

흰색 음식을 태극기의 바탕에 나열해요.

딸기와 포도를 태극 문양에 올려요.

건곤감리! 이젠 태극기를 거꾸로 달지 않아요.

막대과자로 4괘를 만들어요.

완성된 국기에 대한 유래와 특징을 이야기 나눈 뒤 맛있게 먹어요. 다른 나라 국기도 도전해 보세요.

달걀의 화려한 변신
부활절 달걀모빌

주제 : **부활절 달걀**

주요 기법 : **염색하고 꾸미기**

난이도 : ●●○

준비물

흰색 달걀, 식용색소, 식초, 물, 일회용 컵, 작은 스티커, 비즈, 휴지심, 실, 돗바늘, 흰색 크레용, 나무 젓가락

부활절은 크리스마스처럼 세계적으로 기쁨을 나누는 축제일로 자리잡고 있어요. 이곳 미국에서는 부활절 달걀(Easter Egg) 만들어 교환하기, 달걀 굴리기(Egg Rolling), 달걀 찾기(Egg Hunt), 부활절 퍼레이드(Easter Parade), 부활절 카드(Easter Card) 만들기 등 많은 행사가 진행됩니다. 부활절 주기를 맞아 생명의 탄생을 의미하는 달걀을 멋지게 꾸며 부활절 달걀을 만들어 보세요.

이런 점이 좋아요

- 부활절에 대해 이해해요.
- 손쉬운 염색 기법을 체험해요.
- 달걀을 꾸미는 다양한 방법을 생각하며 창의력을 키워요.

050 봄에는 뭐 하고 놀까?

Step 1 달걀 준비하기

달걀의 위와 아래에 작은 구멍을 내요. ★염색 작업이므로 흰색 달걀을 사용하는 것이 좋아요.

손목의 스냅을 이용해 달걀물을 뺀 후, 흐르는 물로 달걀 속을 헹궈요. ★달걀을 깨끗이 씻어 입으로 훅 불면 더 쉽게 뺄 수 있어요.

일회용 컵에 물을 반 컵 담고 식용색소 1작은술과 식초(매염제) 1작은술을 넣고 섞어요.

Step 2 달걀 염색하기

흰색 크레용으로 달걀에 간단한 그림을 그려요.

식용색소에 그림을 그린 달걀을 30초 정도 담가 염색해요. ★배수성의 원리에 의해 크레용으로 그린 부분은 염색이 되지 않아요.

또 다른 달걀에는 작은 크기의 스티커를 붙인 후 식용색소에 30초 정도 담가 염색해요.

Step 3 모빌 만들기

휴지심을 2cm 높이로 잘라 받침대로 사용하여 염색한 달걀을 말려요. 완전히 마르면 스티커를 떼어요.

돗바늘에 70cm 실을 꿴 다음 비즈를 넣어 묶고, 달걀을 넣고, 다시 비즈를 넣어 고정시켜요. 적당히 간격을 주면서 작업해요.

달걀을 다양한 방법으로 염색하거나 꾸며서 여러 줄을 완성해요. 그런 다음 창가에 걸어 두면 멋진 장식이 됩니다.

부활절엔 토끼가 되어 봐요
부활절 토끼 머리띠

주제 : **부활절 토끼**

주요 기법 : **오려 붙이기**

난이도 : ●○○

준비물

토끼 귀 도안(부록), 양면테이프, 머리띠, 가위, 풀

부활절을 대표하는 상징물로는 새로운 삶과 부활을 의미하는 달걀뿐만 아니라, 풍요와 순수함을 상징하는 토끼, 부활 시기에 꽃이 처음 피어 부활의 상징이 된 흰 백합화 등이 있어요. 특히 부활절 토끼(Easter Bunny)는 부활절 전날 밤 아이들에게 찾아와 사탕과 달걀 등을 놓고 간다고 하여, 문 밖에 토끼를 위한 집을 만들어 놓기도 해요. 또 초콜릿 토끼를 만들어 서로 나누기도 하지요. 이런 부활절 문화에 대한 이야기를 들려 주면서 아이들과 토끼 머리띠를 만들어 보세요.

이런 점이 좋아요

- 부활절 토끼에 대해 이해해요.
- 토끼 귀를 입체적으로 표현할 수 있어요.
- 만든 후 역할놀이에 활용해요.

Step 1 귀 모양 만들기

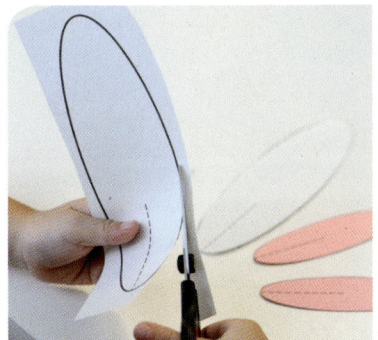
부록의 도안을 모두 오려요.

분홍색 타원을 흰색 타원 위에 붙여요. 아래서 1cm 정도 올라온 지점에 붙여요.

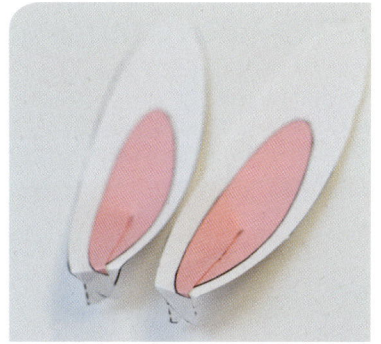
가운데 선을 따라 오린 후, 갈라진 부분을 약간 포개어 풀로 붙이면 입체감 있는 귀가 만들어져요.

Step 2 머리띠에 붙이기

끝부분 1cm를 뒤로 접은 후, 머리띠에 테이프로 붙여요.

머리띠의 처음부터 끝까지 양면테이프를 둘러요.

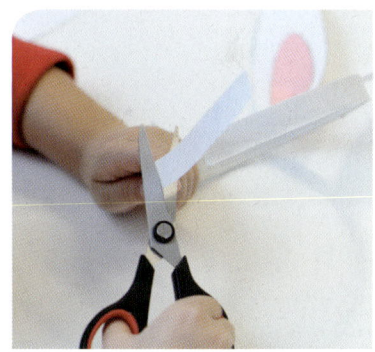
흰색 도화지를 머리띠 두께로 오린 후 머리띠에 둘러서 붙이고, 남은 부분은 잘라내요.

완성 후 토끼 동화책을 읽거나 연극을 하면서 활용할 수 있어요.

지구야, 내가 지켜 줄게
지구를 구하라

주제 : **지구의 날**

주요 기법 : **번지기**

난이도 : ●●○

준비물

커피필터나 키친타월, 분무기, 사인펜(초록색, 파란색 계열), 도화지, 연필, 가위, 풀

4월 22일은 세계가 지키고 있는 지구의 날(Earth Day)입니다. 아이들과 함께 지구를 만들며 지구의 아름다움에 대해 이야기 나누고, 지구를 영원히 보전해야 하는 책임을 일깨워 주기에 좋은 날이지요. 커피 필터에 칠한 사인펜의 색이 물에 번지고 섞이는 과정이 무척 흥미로워서, 아이들은 신나게 많은 지구를 만들어 내고는 합니다. 아이의 손을 그려 지구를 감싸고 있는 모습까지 표현한 뒤 창문에 Sun Catcher로 붙여 주세요. 이것을 보면서 아이들은 지구에 대한 사랑을 키우고 지구의 날을 더욱 가슴에 새기게 될 거예요.

이런 점이 좋아요

- 번지기 기법을 체험해요.
- 푸른 지구의 소중함을 느껴요.
- Sun Catcher를 이해하고 응용할 수 있어요.

Step 1 물 뿌려서 지구 표현하기

사인펜이
번져서 정말
지구 같아요.

커피필터에 파란색과 초록색 계열의 사인펜으로 색을 칠해서 지구를 표현해요.
★커피필터가 없으면 키친타월을 동그랗게 오려서 사용해요.

커피필터의 중심 부분에 분무기로 물을 3~4회 뿌려 색이 번지는 것을 관찰해요.

Step 2 지구에 손 그림 붙이기

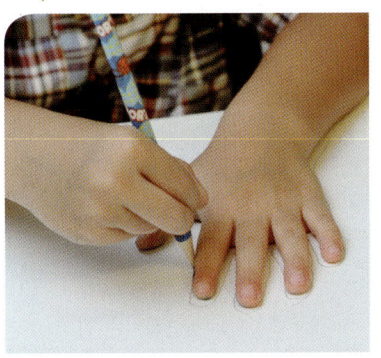

지구야, 내가
지켜줄게.

도화지에 양 손을 대고 연필로 손 모양을 그려요. 피부색으로 색칠하면 더 좋아요.

가위로 손바닥을 오린 후 풀칠해요.

풀칠한 손바닥 위에 지구를 놓고 붙여요. 지구를 감싸고 있는 손을 표현하기 위해 엄지손가락을 지구 위로 향하도록 접어요.

● **Sun Catcher** 두께가 얇은 종이나 반투명한 물체를 유리창에 붙이면 빛이 투과되어 색감이 더욱 투명하게 돋보이는 작품을 말해요. 대표적으로 스테인드 글라스가 있어요. 셀로판지를 이용하기도 하고 유산지에 크레용을 녹여 표현하기도 합니다.

Sun Catcher로 창문에 붙이면 햇빛을 받아 지구가 더욱 투명해 보이고 지구를 감싼 손 모양이 잘 나타나요.

퍼즐 맞추는 재미가 두 배로!
가족사진 블록퍼즐

주제 : **가족**

주요 기법 : **붙이고 자르기**

난이도 : ●●○

준비물
가족사진 프린트, 블록 장난감(프린트 사이즈 분량), 스프레이 접착제, 칼, 자

가정의 달 5월을 맞아 가족사진을 이용해 직접 퍼즐을 만들고 온가족이 함께 퍼즐을 맞추며 즐거운 시간을 보내 보세요. 블록 장난감과 퍼즐 활동을 한데 묶은 Block Puzzle 만들기입니다. 그림이 가족사진이기 때문에 어린 유아들도 어렵지 않게 퍼즐을 맞출 수 있어요. 아이들은 사진을 의도적으로 바꿔 끼워 제3의 인물을 만들며 즐거워하기도 한답니다.

이런 점이 좋아요
- 퍼즐 만드는 법을 배워요.
- 협동하며 퍼즐을 맞춰요.
- 가족의 모습을 섞어서 더욱 재미있게 표현할 수 있어요.

Step 1 블록 쌓기

엄마가 미리 블록을 쌓아서 필요한 블록의 양을 결정하고, 그 크기에 맞춰 가족사진을 프린트해요. ★사진은 가족들의 모습이 크게 보이고 배경이 넓지 않은 것이 좋아요.

미리 준비한 개수의 장난감 블록을 인쇄물의 사이즈에 맞게 쌓아요.

사진의 뒷면에 스프레이 접착제를 고루 뿌린 후 블록에 붙여요. ★딱풀을 사용해도 돼요. 또는 라벨지에 프린트하면 붙이기 편해요.

Step 2 퍼즐 만들기

풀이 완전히 마르고 나면 자와 칼을 이용해 블록의 모양을 확인하면서 잘라내요. ★칼선을 넣어 떼어내야 하므로, 두꺼운 사진 인화용 종이는 적합하지 않아요.

블록을 섞은 후 퍼즐 맞추기를 해 보세요.

엄마, 아빠 얼굴이 바뀌었어!ㅋㅋ

같은 배경으로 된 가족 개개인의 전신사진을 퍼즐로 작업한 뒤, 얼굴이나 몸을 바꿔 맞추는 놀이도 해 보세요.

가족 사진이나 아이의 그림을 박스지에 붙인 후 칼로 자르면 '박스지 퍼즐'이 됩니다. 아이가 퍼즐에 익숙해지면 퍼즐 조각을 더 작게 잘라서 난이도를 높여 주세요.

엄마 아빠, 사랑해요!
색도화지죽 사랑의 패널

- 주제 : 가족
- 주요 기법 : 반죽 만들어 꾸미기
- 난이도 : ●●○

미국에서는 어머니날(Mother's Day)과 아버지날(Father's Day)이 구분되어 있으며, 일년의 행사 중에서 Mother's Day는 규모가 큰 기념일에 속해요. 이렇듯 세계 어디에서나 어버이날을 제정해 기념한다는 것은 가족이 얼마나 고귀한 것인지를 알려 주는 셈이지요. 가정의 달 5월의 어버이날을 맞아 색도화지로 예쁜 패널을 만들어서 엄마 아빠께 감사와 사랑을 표현할 수 있게 해 주세요.

이런 점이 좋아요
- 종이가 반죽이 되는 성질의 변화를 경험해요.
- 풀을 사용하지 않고 종이죽을 만들어서 번거롭지 않아요.

준비물

여러 색의 색도화지, 블랜더, 물, 쟁반, 채반, 도화지죽을 담을 그릇, 비닐랩

058 봄에는 뭐 하고 놀까?

Step 1 색도화지죽 만들기

색도화지를 잘게 찢은 다음, 잠시 물에 불려요.

종이가 죽으로 변해요!

불린 도화지를 블랜더에 중간 속도로 1~2분 정도 갈아서 도화지죽을 만들어요. ★물을 1컵 이상 넉넉히 넣어야 잘 갈려요.

채반에 받쳐 물기를 약간만 따라낸 후 그릇에 담아요. 여러 색의 죽을 만들어요. ★도화지죽에 물기가 약간 많은 것이 작업하기 좋아요.

Step 2 패널 만들기

적당한 크기의 쟁반에 색도화지죽을 균일한 두께로 펼쳐요. ★쟁반에 랩을 씌우고 작업하면 완성 후 떼어내기가 쉬워요.

부모에 대한 감사와 사랑을 전할 수 있는 메시지를 패널에 담아요. ★패널의 두께는 8~10mm 정도가 좋아요.

키친타월 여러 장을 덮어 지긋이 눌러 물기를 흡수해요.

Step 3 패널 말리기

바람이 잘 통하는 곳에서 24시간 이상 말려요.

완전히 마른 패널을 쟁반에서 분리한 후, 글루건을 이용해 고리를 달아요. ★도화지죽 작업을 할 때 미리 구멍을 만들어 두면 좋아요.

선생님, 고맙습니다!
습자지 카네이션 카드

주제 : **스승의 날**
주요 기법 : **오려 붙이기**
난이도 : ●○○

준비물
색도화지나 색종이, 습자지나 한지, 가위, 풀, 연필

스승의 날 선생님을 위한 감사 카드를 아이들이 직접 만들어 드린다면 받는 이의 기쁨은 두 배가 될 거예요. 감사의 카드를 만드는 방법은 너무나 다양하지만, 유아들은 작업하는 데 한계가 있기 때문에 만들기 쉬우면서도 완성도를 높일 수 있는 방법을 선택하는 것이 바람직해요. 습자지로 카네이션을 만들어서 카드에 붙이는 이 방법은 유아들이 쉽게 작업하면서 완성도 있게 만들 수 있으니 함께 도전해 보세요.

이런 점이 좋아요
- 습자지를 이용해 쉽게 꽃을 표현해요.
- 카드를 직접 만들면서 감사의 마음을 키워요.

Step 1 습자지 오리기

습자지나 한지 여러 겹을 두 번 사각 접기 한 후, 가위로 원호를 잘라요.

펼치면 둥근 원이 여러 장 나와요. 여러 색의 습자지를 같은 방법으로 자르되, 다양한 크기가 되도록 만들어요.

색도화지를 접어 카드를 만들고, 다른 색도화지를 덧대어 붙여요.

Step 2 꽃 표현하기

꽃이 점점 예뻐져요!

둥글게 자른 습자지의 중심에 풀칠을 하여 여러 겹을 붙여요. 크기가 점점 작아지게 붙여요.

중심을 붙이면서 입체감이 살도록 자연스럽게 구겨요.

초록색 종이에 잎을 그려서 오려요. 가운데 부분을 살짝 잘라 겹쳐서 입체감이 나도록 해요 ★카네이션 꽃에 초록 잎을 1~2개씩 붙여서 완성해요.

원하는 색과 크기로 여러 송이의 꽃을 만들어 붙이면 완성이에요. 완성 후 선생님이나 부모님께 감사 편지를 써 봐요.

여름에는 뭐 하고 놀까?
Art in Summer

여름은 물놀이의 계절이자 자연과 접하는

야외놀이의 계절이기도 하지요. 이 두 가지 주제를 생활과 접목시킨

특색 있는 미술놀이로 꾸며 보았어요. 집안의 소품을 이용해 만드는 물놀이용품에서부터

아이들이 너무나 좋아하는 대형 비눗방울 놀이, 투명한 여름 빛을 받아 더욱 빛나는

Sun Catcher를 만드는 방법도 소개합니다.

페트병으로 여름에 어울리는 시원한 팔찌도 만들어 보고, 바닷가 여행 후에는

콜라주로 바다 표현 작업도 해 보세요. 여름 말미에 맞게 되는 광복절에는

소고를 만들면서 경축의 기운을 나눠 보시고요.

꼭 짜면 물이 찍~
물놀이 스펀지공

주제 : 물놀이

주요 기법 : 오려서 묶기

난이도 : ●○○

여름철 물놀이에 사용할 공을 직접 만들어 보는 것은 어떨까요? 설거지할 때 사용하는 스펀지를 자르고 묶으면 물놀이용 공이 된답니다. 스펀지의 특성상 던지고 받기에 부담이 없고, 무엇보다도 손으로 쥐어 짜면 물이 찍 나오는 게 재미 만점이지요.

이런 점이 좋아요
- 우리 생활의 모든 물건들이 미술 작업과 연결된다는 것을 알게 돼요.
- 물놀이할 때 재미있고 특이한 장난감으로 사용해요.

준비물

얇은 스펀지 3장, 케이블 타이 14~15cm, 니퍼, 가위
★케이블 타이와 니퍼는 공구상에서 구할 수 있어요.

064 여름에는 뭐 하고 놀까?

Step 1 자르고 묶기

스펀지 3개를 길이로 4등분해요.
★두께가 두꺼운 스펀지는 2개를 이용해요.

색을 섞어 한 묶음으로 모아요.

케이블 타이로 최대한 당겨 묶은 후, 니퍼로 케이블 타이의 나머지 부분을 깨끗하게 잘라 내요.

Step 2 공 모양 만들기

공 모양이 되도록 스펀지를 둥글게 펼쳐요.

길이가 안 맞는 부분을 잘라 내어 정리해요.

물놀이를 할 때 신나게 가지고 놀아요. 던지고 받기, 던진 후 헤엄쳐서 찾아오기, 물 짜기 등을 하면 정말 재미있어요.

으악! 시원해요!

이런 비눗방울 봤어요?
대형 비눗방울 놀이

주제 : 비눗방울
주요 기법 : 만들기, 불기
난이도 : ●○○

준비물

여름 내내 아이들과 밖에서 재미있게 즐길 수 있는 비눗방울 놀이 두 가지를 소개합니다. 버블 매직쇼에서 볼 수 있는 큰 비눗방울을 만들기는 그리 어렵지 않아요. 긴 막대와 실만 있으면 누구나 쉽게 만들 수 있지요. 또 작은 방울들이 뭉쳐져 기둥이 만들어지는 방법도 있어요. 기다란 형태의 비눗방울 덩어리가 뱀을 연상시켜서 Snake Bubble(비눗방울 뱀)이라고 불린답니다. 더운 여름철 비눗방울 놀이로 아이들과 함께 동심의 세계로 빠져 보세요.

대형 비눗방울 긴 막대 2개, 털실, 가위, 자, 풀이나 양면테이프
뱀 비눗방울 페트병(500ml), 수건, 고무줄, 가위, 펜

이런 점이 좋아요
- 비눗방울을 만들며 상상의 나래를 펼쳐요.
- 야외에서 신나게 놀면서 스트레스가 해소돼요.

Step 1 대형 비눗방울 도구 준비 - 막대에 실 묶기

 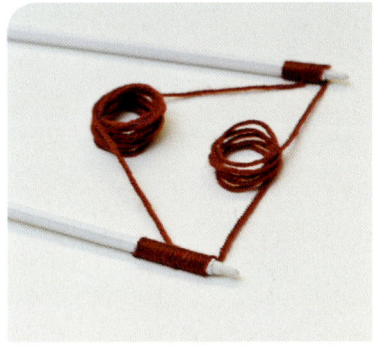 

길이가 80cm 이상인 막대를 2개 준비해요. ★화방이나 미술용품점에서 판매하는 나무 막대를 이용하면 좋아요. 저는 창문 블라인드 조절막대를 사용했어요.

90cm 길이의 실을 위쪽에, 160cm 길이의 실을 아래쪽에 오도록 양쪽 막대에 묶어요. ★풀이나 양면테이프를 붙이고 감으면 고정이 잘 돼요.

물 : 물엿 : 주방세제를 2½컵 : ½컵 : ½컵의 비율로 섞어서 비누액을 만들어요. ★미지근한 물에 물엿을 잘 섞은 후 주방세제를 섞어요.

Step 2 뱀 비눗방울 도구 준비 - 페트병에 수건 감싸기

페트병의 윗부분으로부터 약 10cm 정도 되는 곳을 잘라요.

수건에 병의 둘레로부터 4~5cm 큰 원을 펜으로 그린 후 수건을 오려요.

수건으로 병을 덮고 고무줄로 고정해요.

넓은 야외로 나가서 마음껏 대형 비눗방울을 만들어 보세요. 막대의 실에 비누액을 묻힐 때 손이나 눈, 입에 세제가 묻지 않도록 주의하세요.

수건이 덮인 부분을 세제에 살짝 묻힌 후 병의 입구에 바람을 불면 '비눗방울 뱀'이 나타나요. 이때 위로 향해 불면 안 돼요. 반드시 수평이나 아래를 유지하게 하세요.

이글이글 태양을 잡아라
크레용 선 캐처

주제 : 태양

주요 기법 : 크레용 녹여 표현하기

난이도 : ●○○

준비물

빨간 계열의 크레용, 빨간 계열의 도화지, 유산지, 다리미, 연필깎이, 가위, 풀

여름에는 일조시간이 길어져서 햇빛을 이용한 작업을 진행하기 좋아요. 아이들이 너무나 좋아하는 열처리 판화기법을 이용하여 유산지에 크레용을 녹여서 태양을 표현해 보세요. 그런 다음 이를 이용해 선 캐처(Sun Catcher)를 만들어 아이 방 창문을 장식해 보세요. 여름 내내 쏟아져 들어오는 햇빛 덕분에 이글거리는 태양을 감상할 수 있을 거예요.

● **Sun Catcher** 두께가 얇은 종이나 반투명한 물체를 유리창에 붙이면 빛이 투과되어 색감이 더욱 투명하게 돋보이는 작품을 말해요. 대표적으로 스테인드 글라스가 있지요. 셀로판지를 이용하기도 하고 유산지에 크레용을 녹여 표현하기도 합니다.

이런 점이 좋아요

● 크레용의 색다른 활용법을 경험해요.
● 표현기법의 다양함을 배워요.
● 창문에 붙여 방을 장식해요.

Step 1 크레용 가루 올리기

연필깎이를 이용해 빨간 계열의 크레용을 깎아요.

CD를 이용해 유산지에 원을 그려요.

유산지의 원 위에 크레용 가루를 올려요.
★반투명 용지인 유산지를 사용해야 햇빛이 투과되어 Sun Catcher의 효과가 나타나요.

Step 2 크레용 녹이기

크레용이 녹아서 정말 태양 같아요!

크레용 위에 유산지 여러 장을 덮어요.
★덧종이를 덮어야 다리미의 오염을 방지할 수 있어요.

가장 낮은 온도의 다리미로 지긋이 눌러요.
★엄마가 도와 주세요. 다리미를 문지르면 색감이 섞여 버리니 지긋이 눌러 주세요.

여러 장을 진행한 뒤 무늬가 가장 잘 나온 것을 선택해서 CD보다 약간 크게 잘라요.

Step 3 태양 테두리 붙이기

창문에 붙인 후 빛이 통과되어 색감이 맑아 보이는 것을 관찰해요.

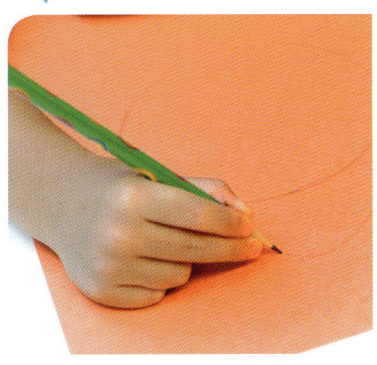

빨간 계열의 도화지에 CD로 둥근 원을 그린 후, 연필로 태양의 테두리를 표현해요.

가위로 태양의 외곽선과 안쪽의 동그라미를 오린 후, 크레용 열처리 원의 테두리에 붙여요.

아스팔트는 내 도화지
그림자 이어달리기

주제 : 그림자

주요 기법 : 따라 그리기

난이도 : ●○○

준비물

칼라 분필, 그림자가 길게 나오는 시간
(한낮을 피한 오전이나 오후)

아스팔트를 도화지 삼아 그림을 그려 보면 어떨까요? 태양의 빛을 이용해 그림자를 만들고, 그림자 모양을 아스팔트에 그리는 놀이입니다. 서로의 그림자를 이어가며 릴레이 경주하는 모습을 그리면 더 재미있어요. 시간이 지나면서 그림자의 위치와 길이가 달라지므로 2~3시간마다 같은 자리에서 모습을 그린 후 변화를 관찰하는 것도 흥미롭답니다.

이런 점이 좋아요

● 아스팔트라는 넓은 공간에 그림을 마음껏 그려 봄으로써 표현의 영역을 넓혀 주고 아이들의 긴장 해소에 도움을 줍니다.

Step 1 그림자 그리기

네 그림자를 그려 줄게.

그림자가 길게 나오는 시간(한낮을 피한 오전이나 오후)에 넓고 한적한 아스팔트를 선택해요. ★차가 많이 다니는 길이나 시간대를 피해서 보호자와 함께 작업해요.

서로 상대방의 그림자를 밝은 색 분필로 그려 줘요.

이어달리기 하는 자세를 취해 그림자를 만들어요. ★갖가지 재미난 몸 동작을 연출해 이어나가 보세요.

Step 2 그림자 색칠하기

분필로 색을 칠해요.

물뿌리개로 물을 뿌리며 그림을 지우는 것도 신이 나지요.

2~3시간 후 같은 자리에 서면 그림자의 위치와 길이가 달라져요. 그 모습도 그려 보고 변화를 관찰해 보세요.

쨍쨍 햇빛이 작품을 만들어요
나뭇잎 그림자 프린트

주제 : 그림자

주요 기법 : 탈색기법

난이도 : ●○○

준비물

햇빛이 강한 맑은 여름날, 나뭇잎, 진한 색감의 도화지, 아크릴판이나 유리판

햇빛이 강한 여름철, 햇빛을 재료로 미술놀이를 해 보세요. 우리가 일반적으로 말하는 밝은 빛을 '가시광선'이라고 하지요. 이 가시광선은 미술 작업에서 여러 가지 효과를 내기 위한 도구로 이용되기도 합니다. 햇빛이 잘 드는 거리에 도화지를 깔고, 그 위에 나뭇잎을 올려두기만 하면 돼요. 하루가 지나면 어느새 햇빛이 멋진 그림을 그려 놓는답니다.

이런 점이 좋아요

● 햇빛을 도구로 사용할 줄 알게 돼요.
● 자연이 만들어 내는 효과를 이해해요.

Step 1 나뭇잎 올려놓기

하루 종일 햇빛이 강하게 쬐는 날 아침, 그늘이 없는 장소를 선택해요. 어두운 색의 도화지를 바닥에 깔고, 그 위에 나뭇잎을 올려놓아요.

아크릴판으로 조심스럽게 덮어 나뭇잎을 고정해요. ★유리판으로 덮을 때는 엄마가 대신 해 주세요.

아침부터 해가 질 때까지 그대로 둡니다.

노을이 지는 저녁에 아크릴판과 나뭇잎을 걷어내고 햇빛이 만들어 낸 그림자 프린트를 확인해 보세요.

우와! 햇빛이 마법을 부렸어요!

접시에 바다를 옮겨 와요
스티로폼 접시 바닷속 풍경

● 주제 : 바다
● 주요 기법 : 붙이고 색칠하며 표현하기
● 난이도 : ●●○

스티로폼 접시는 가볍고 두께가 있어서 만들기의 소재로 아주 유용해요. 또한 직사각형 형태가 안정감 있는 프레임이 되기도 하지요. 스티로폼 접시를 캔버스로 이용하고 습자지와 물감으로 장식해 바닷속 풍경을 표현해 보세요. 바닷가에 다녀온 기억을 떠올리거나 바다에 관한 책을 읽은 후 작업하면 더욱 좋습니다.

이런 점이 좋아요
● 물고기의 다양한 생김새를 알게 돼요.
● 습자지를 찢으며 긴장감이 해소돼요.
● 스티로폼 접시의 활용법을 경험해요.

준비물
스티로폼 접시 2장, 습자지, 이쑤시개, 물감, 붓, 펜, 물풀, 눈알, 사인펜

074 여름에는 뭐 하고 놀까?

Step 1 바다 배경 만들기

파란 계열의 습자지 1~2가지를 찢어서 준비해요.

스티로폼 접시에 액체풀을 발라요.
★물(1컵)과 밀가루(1큰술)를 넣어 끓인 엄마표 풀이면 더욱 좋아요.

찢어 놓은 습자지를 스티로폼 접시에 꼼꼼하게 붙여요.

Step 2 물고기 만들기

다른 스티로폼 접시에 물고기를 그린 후 이쑤시개로 촘촘히 테두리를 찔러서 잘라내요.

물고기를 물감으로 색칠해요.

사인펜을 이용해서 다양한 무늬를 그린 후 눈알을 붙여요.

Step 3 물고기 붙이기

이쑤시개를 이용해 물고기를 바다 배경에 고정시켜요. ★이쑤시개 길이를 달리 하면 생동감이 더 살아나요.

접시 뒷부분에 캔 뚜껑을 글루건으로 붙이면 벽에 걸어두기 좋아요.

하늘을 날아가는 로켓도 표현해 보세요.

조개껍데기로 무얼 만들까?
조개껍데기 아기 거북이

● 주제 : 바다
● 주요 기법 : 콜라주
● 난이도 :

콜라주는 사진이나 사물 등 여러 가지 재료를 화면에 붙여서 표현하는 작업으로서 현대 미술에 폭넓게 사용되고 있어요. 재료 사용에 제한이 없고 방법이 신선해서 아이들이 자발적으로 적극 참여하는 놀이 방식 중 하나이지요. 아이들과 여름을 맞아 쉽게 구할 수 있는 조개껍데기와 기타 재료들을 마음껏 이용해 콜라주 작업을 해 보세요. 엄마보다 기발한 아이디어를 쏟아내는 아이의 모습을 발견할 수 있을 거예요.

이런 점이 좋아요
● 콜라주를 경험하며 회화 재료의 다양성을 알게 돼요.
● 대상을 구체화시키는 통찰 능력이 향상돼요.
● 자기 주도적인 문제 해결 능력이 높아져요.

준비물
캔버스나 박스지, 다양한 조개껍데기, 달걀 껍질, 붓, 물감, 눈알, 목공풀

076 여름에는 뭐 하고 놀까?

Step 1 주제에 맞게 구상하기

조개껍데기로 어떤 주제를 표현할지 구상해요.

캔버스나 박스지에 조개껍데기를 올려 주제에 맞게 표현해요. ★캔버스나 박스지에 작업해야 부착물의 무게를 감당할 수 있어요.

Step 2 물고기 만들기

영차영차! 엄마 찾으러 바다로 가요!

구성된 조개껍데기를 하나씩 들어올려 풀로 붙여요. ★목공풀이나 글루건을 이용하면 좋아요.

거북이 얼굴에 눈알을 붙이고, 달걀 껍질을 이용해 배경을 꾸며요. ★달걀 껍질 외에 모래, 신문지, 비즈 등 다른 재료를 사용해도 좋아요.

풀이 마른 뒤 물감으로 배경을 칠해요.

거북이 외에 얼굴, 꽃게, 뱀, 삐에로 등 다양한 주제로 작업해 보세요. 색다른 재료로 시도하면 콜라주 작업이 더 재미있어져요.

나만의 어항을 만들어요
유리병 물고기

주제 : 물고기

주요 기법 : 붙여서 꾸미기

난이도 : ●●○

준비물

스티로폼 접시, 옷핀, 유리병, 눈알, 연필, 가위, 목공풀, 낚싯줄이나 실, 테이프, 장식용 돌

물가를 접할 일이 많은 여름철, 아이들과 함께 물고기와 어항을 만들어 보세요. 물고기의 대표적인 특징인 반짝이는 비늘을 표현하는 방법은 아주 다양하지요. 그 중에서 스티로폼 접시에 반짝이는 금색 옷핀을 붙여 금붕어를 표현하는 법을 소개해 드릴게요. 물고기를 만들어서 작은 유리병에 넣으면 나만의 사랑스러운 꼬마 어항이 된답니다.

이런 점이 좋아요

● 구체적으로 표현하면서 물고기의 특징을 인지해요.
● 동물에 대한 사랑과 애착을 갖게 돼요.

Step 1 물고기 만들기

스티로폼 접시에 물고기를 그려요. 유리병에 들어갈 수 있는 크기로 그려요.

뾰족한 연필이나 이쑤시개로 촘촘히 구멍을 뚫어 물고기를 오려 내요.

Step 2 물고기 꾸미기

눈알을 붙이고 목공풀이나 양면테이프를 이용해 옷핀을 붙여요. ★작은 단추나 비즈를 붙여도 돼요.

물고기에 낚싯줄이나 실을 연결하고 테이프를 이용해 뚜껑에 짧게 매달아요.

Step 3 어항 만들기

물고기야, 안녕!

장식용 돌이나 구슬을 유리병에 넣어요.

물고기를 매단 뚜껑을 닫으면 어항이 완성돼요.

물을 갈아 주지 않아도 되는 예쁜 어항이에요. 거실에 두고 온 가족이 여름의 기운을 느껴 보세요.

페트병 비즈 팔찌
한여름에 어울리는 시원한 액세서리

주제 : 액세서리

주요 기법 : 오리고 꾸미기

난이도 : ●●●

준비물

얇은 페트병(500ml) 2개, 유성 사인펜, 가위, 칼, 비즈(큰 것), 탄력 있는 비즈 줄, 실(면사나 마끈)

여름 방학 동안에 아이들과 함께 여름에 어울리는 시원한 느낌의 팔찌를 만들어 보면 어떨까요? 쉽게 구할 수 있는 페트병과 사인펜을 이용해 세상에 단 하나뿐인 나만의 비즈 팔찌를 만들 수 있어요. 아이들은 액세서리를 만든다는 것 자체에 호기심을 갖게 되고, 독특하고 개성 있는 결과물에 더욱 뿌듯해하지요. 엄마 한 줄, 아이 한 줄 만들어 커플 팔찌로 착용하면 공감대가 형성되어 사랑이 더욱 돈독해진답니다.

이런 점이 좋아요

● 페트병 활용에 대한 다양한 아이디어를 경험해요.
● 여자 아이들의 꾸미고 싶은 욕구가 긍정적으로 충족돼요.

Step 1 페트병 자르기

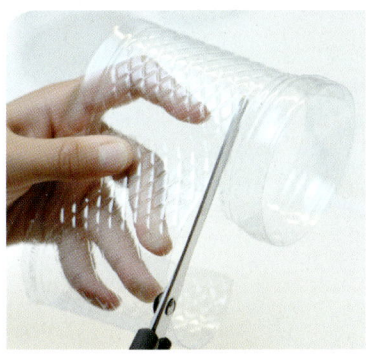

페트병에 칼집을 넣은 후 몸통 부분을 잘라요. 1.5~2cm 폭으로 잘라요.

길이를 반으로 잘라서 16~18조각을 만들어요.

Step 2 무늬 입히기

플라스틱의 안쪽에 유성 사인펜으로 예쁜 무늬를 그려요. ★수성 사인펜은 플라스틱에 칠해지지 않아요.

장식한 플라스틱을 돌돌 말아요. ★페트병의 두께가 얇아야 말 때 힘이 덜 들어요.

실로 묶어 고정해요. ★오븐에 구워야 하므로 나일론(노끈)이 아닌 열에 강한 면사나 마끈을 이용해요.

Step 3 팔찌로 꿰기

쿠킹호일을 깐 오븐팬에 올리고 150℃ 온도의 오븐에서 2~4분간 구워요. ★오븐을 예열해서 구워야 결과물이 좋아요.

플라스틱이 약간 따끈하면서 부드러워지면 꺼내어 식힌 후 끝부분을 정리해요.

탄력 있는 비즈줄에 비즈와 함께 예쁘게 꿰면 완성이에요.

우리집에 새가 들어왔어요
지그재그 새 모빌

주제 : 새

주요 기법 : 오리기, 종이 접기

난이도 : ●●○

준비물
재활용 박스지, 색감 있는 잡지나 포장지(양면 색종이), 눈알, 풀, 가위, 연필, 나뭇가지, 실이나 낚싯줄

새를 표현하는 방법은 날개에 따라 크게 달라집니다. 그림뿐만 아니라 만들기를 할 때도 날개를 표현하는 방법은 참 다양하지요. 그 중에서 유아들도 충분히 따라할 수 있는 지그재그 종이 접기를 통해 입체감 있는 새의 날개를 표현해 보세요. 여러 마리를 완성한 후 나뭇가지에 매달면 멋진 새 모빌이 됩니다.

이런 점이 좋아요

● 종이 접기를 하면서 손의 협응력과 정확성을 길러요.
● 순차적으로 진행되는 과정 속에서 집중력을 향상시킬 수 있어요.

Step 1 새 그림 그리기

10×10cm 크기의 박스지에 새의 몸체를 그려 본을 떠요.

잡지나 포장지에 본을 대고 새 모양을 앞뒤로 2개 그려서 오려요.

오린 것을 풀로 박스지의 양면에 붙이면 예쁜 몸통이 돼요.

Step 2 날개 만들기

잡지나 포장지를 20×15cm 크기로 준비한 후, 2cm 간격으로 지그재그 9회 정도 접어요. ★양면 색종이를 사용해도 돼요.

엄마가 새의 등에 2.3cm 가량의 칼집을 넣어요.

지그재그 접기한 종이를 새의 몸통에 끼워 넣으면 날개가 돼요. 눈알을 붙여서 완성해요.

> 정말 새의 날개가 됐네!

> 여러 마리를 만들어서 나뭇가지에 자연스럽게 매달면 모빌이 돼요. 천장에 매달아 집안을 장식해 보세요.

홀씨로 무얼 만들까?
단풍나무 홀씨 잠자리

주제 : 홀씨

주요 기법 : 붙이고 꾸미기

난이도 : ●○○

준비물

단풍잎 홀씨, 나뭇가지, 가위, 물풀, 눈알, 글루건, 반짝이나 반짝이풀

홀씨는 보통 바람에 잘 날릴 수 있도록 진화되어 왔어요. 특히 여름에 떨어지는 단풍나무 홀씨는 '프로펠러'라고 불릴 만큼 양 날개가 펼쳐져 있어서 바람을 타고 뱅글뱅글 돌며 멀리까지 날아갑니다. 이렇게 신기하고 재미있는 홀씨의 형태를 이용해 잠자리를 만들어 보세요. 그런 다음 아이 스스로 홀씨의 모양을 응용하여 새로운 작품을 만들어 보도록 유도해 주세요.

이런 점이 좋아요

● 자연의 형태가 얼마나 완벽하고 아름다운지 느낄 수 있어요.
● 자연에 대한 관찰력과 주의력이 길러져요.

Step 1 단풍나무 홀씨 준비하기

떨어진 단풍나무 홀씨를 수집해요.

단풍나무 홀씨의 가지 부분을 가위로 잘라 내요.

홀씨에 풀을 얇게 펴 발라요.

Step 2 잠자리 만들기

풀을 바른 홀씨에 반짝이를 뿌려요
★반짝이풀을 사용해도 좋아요.

8cm로 자른 나뭇가지에 글루건을 이용해 홀씨를 붙여요.

글루건으로 눈알도 붙이고, 날개를 30분 정도 말리면 완성이에요.

정말 잠자리 날개에 잘 어울려요.

단풍나무 홀씨의 독특한 모양을 활용해 또 무엇을 만들 수 있을지 아이와 상상의 나래를 펼쳐 보세요.

한국적인 색감의 악기를 만들어요
광복절 색동 리듬악기

주제 : 광복절
주요 기법 : 붙여서 꾸미기
난이도 : ●○○

준비물
종이상자(비누상자나 치약상자), 습자지, 밀가루풀, 붓, 콩 약간, 가위, 나무 막대기, 장식용 비즈나 스티커, 풀, 테이프

8월에는 우리나라의 경축일인 광복절이 있어요. 의미 있는 국가의 기념일을 마음에 새기게 하는 것 또한 부모의 몫이 아닌가 합니다. 좋은 날이면 북 치고 꽹과리 치며 흥을 돋우던 고유의 풍습을 생각하며, 광복절을 맞아 리듬악기를 만들어 보세요. 마라카스처럼 흔들어서 소리를 낼 수도 되고, 나무 젓가락을 북채로 이용하면 소고가 되기도 해요.

이런 점이 좋아요
- 한국적인 색감을 배워요.
- 만든 후 연주하며 놀아요.
- 광복절의 의미를 알게 돼요.

Step 1 상자 준비하기

종이상자 2개 사이에 손잡이가 될 나무 막대기를 넣고 테이프로 붙여요.

소리가 나도록 종이상자 안에 콩을 10여 개 넣은 뒤 테이프로 뚜껑을 붙여요.

Step 2 색동무늬 붙이기

습자지를 적당히 찢어요. 물(1컵)과 밀가루(1큰술)를 넣어 한 번만 끓여서 밀가루풀을 준비해요. ★번거롭다면 물풀을 이용해도 돼요.

종이상자에 붓으로 풀을 바르고 습자지를 붙여요. 색동의 느낌이 나도록 여러 색을 붙여요.

습자지가 마르면 장식용 비즈나 스티커를 붙여 마무리해요. ★비즈는 목공풀이나 글루건으로 붙여요.

동요를 부르며 악기를 연주해 보세요. 흔들면 마라카스가 되고 나무 젓가락으로 두드리면 소고가 되지요. 두 악기의 소리를 비교해 보세요.

광복절을 시원하게 기념해요
광복절 색동 아이스바

주제 : 광복절
주요 기법 : 색깔별로 얼리기
난이도 : ●○○

준비물
파란색 음료수(이온 음료), 빨간색 음료수(토마토 주스, 크랜베리 주스 등), 노란색 음료수(파인애플, 오렌지, 망고 주스 등), 나무 막대기, 테이프, 일회용컵이나 샤벳 케이스

나라마다 고유의 의상이 있듯이 각 나라를 상징하는 색감도 있어요. 우리 나라의 경우에는 '오방색'이라고 하여 청(靑)·적(赤)·황(黃)·백(白)·흑(黑)의 다섯 가지 기본 색이 있지요. 오방색은 한복이나 전통적인 공예품에 많이 사용되고 있어요. 광복절을 맞이하여 오방색을 기본으로 한 아이스바를 만들어 민족의 축제일을 시원하고 의미 있게 즐겨 보세요. 얼리는 재미는 물론 먹는 재미까지 있어서 아이들이 너무 좋아해요.

이런 점이 좋아요
● 한국 전통의 색동 무늬를 경험해요.
● 나라의 기념일을 함께 준비하고 즐기는 마음을 길러요.

Step 1 첫 번째 음료수 얼리기

일회용컵이나 샤벳 케이스에 첫 번째 음료수를 1.5cm 부어요. ★샤벳 케이스를 사용하면 냉동이 빠르고 맛도 좋고 편리해요.

나무 막대기를 컵 중심에 세우고 테이프를 양쪽에 붙여서 고정시켜요. 색깔 별로 여러 컵을 만들어요.

냉동실에 넣어 한 시간 정도 급냉을 시켜요.

Step 2 두·세 번째 음료수 얼리기

첫 번째 음료수가 얼었으면 꺼내어 두 번째 음료수를 부어서 다시 얼려요. ★나무 막대기가 얼음에 고정되었으므로 테이프를 제거해요.

컵마다 색을 달리해서 여러 컵을 만들어요.

한 시간 후 세 번째 음료수를 부어 다시 얼리면 완성이에요.

컵을 따뜻한 물에 넣었다 돌리면 아이스크림이 쉽게 빠져요. 광복절과 오방색에 대해 얘기하면서 시원하게 먹어요.

가을에는 뭐 하고 놀까?

Art in Fall

가을은 실로 붓을 들고 싶어지는 계절이지요.
형형색색 단풍에 마음이 물들라치면 추적추적 떨어지는 낙엽에 마음이
쓸쓸해지곤 합니다. 깊은 감상에 빠져들게 되는 계절인 만큼, 아이와 미술을
더욱 가까이 하며 감상을 표현하는 시간을 자주 가져 보세요.
아이와 함께 가을길을 산책하면서 단풍잎과 낙엽, 열매를 수집하면
한동안 미술놀이의 재료는 걱정하지 않아도 된답니다. 이렇게 가을에
쉽게 구할 수 있는 재료들을 이용한 다양한 기법의 미술놀이를 담았습니다.
또 가을의 대표적인 기념일인 한글날에는 타이포그래피를,
가을 운동회 때는 응원도구 폼폼을, 우리에게 더 이상 낯설지 않은
할로윈데이에는 호박등을 함께 만들어 보세요.

나뭇잎이야, 동물이야?
단풍 나뭇잎 표현놀이

- 주제 : 단풍
- 주요 기법 : **구상하고 표현하기**
- 난이도 : ●●○

가을철 화려한 단풍의 색감은 물감으로는 다 표현할 수 없을 정도로 아름답지요. 색감뿐만 아니라 모양과 크기도 나무의 종류만큼이나 다양해서 조형작업을 위한 훌륭한 재료가 됩니다. 이는 고가의 딱딱한 목재 교구보다 더욱 값진 소재가 되고, 이를 이용한 미술놀이는 교구 수업보다 더 가치 있는 작업임에 틀림 없겠지요. 나뭇잎 표현놀이로 아이들에게 자연의 변화와 가을의 색감을 느끼게 해 주세요.

이런 점이 좋아요
- 나뭇잎의 다양한 생김새를 알게 돼요.
- 상상력과 표현력이 향상돼요.
- 가을의 색감을 느껴요.

준비물
여러 종류의 낙엽들, 흰 종이, 눈알, 양면테이프나 풀

Step 1 나뭇잎 준비하기

거리를 산책하며 다양한 모양과 색깔의 나뭇잎을 수집해요.

수집한 나뭇잎을 책갈피에 30분 정도 넣어두면 작업하기가 편리해요.

Step 2 작품 구상하기

동물이나 사람, 풍경 등의 주제를 어떻게 표현할지 구상해요. ★동물 그림이 나온 책을 참고해도 좋아요.

종이 위에 나뭇잎을 나열하며 주제에 맞게 꾸며요.

풀이나 양면테이프로 나뭇잎을 붙여요. ★오래 보관하기 위해서는 액자에 끼우거나 코팅을 하는 것이 좋아요.

가을 정취가 물씬~
가을 나뭇잎 화환

주제 : 낙엽

주요 기법 : 물감 도장 찍기

난이도 : ●○○

준비물

여러 가지 낙엽, 가을 색감의 도화지, 물감, 붓, 가위, 풀, 일회용 접시, 반짝이풀

가을이면 수북이 떨어져 있는 낙엽들은 마치 점묘법으로 그려진 한 폭의 신비로운 그림 같아요. 이렇게 아름다운 정서를 불러 일으키는 계절인 가을을 아이들이 충분히 느낄 수 있도록 낙엽을 이용한 미술놀이를 많이 진행해 보기 바랍니다. 모양이 다양한 나뭇잎을 주워 와서 물감으로 찍기 놀이를 해 보고, 이를 이용해 가을 정취가 물씬 느껴지는 '나뭇잎 화환'을 만들어 보세요.

이런 점이 좋아요

- 가을의 정서를 느끼게 돼요.
- 나뭇잎에 대한 자연 학습이 이루어져요.

Step 1 낙엽 도장 찍기

낙엽을 책갈피에 30분 정도 넣어두어 편평하게 만든 후, 낙엽의 뒷면에 물감을 칠해요. ★뒷면에 물감을 찍어야 잎맥이 잘 찍혀요.

물감을 칠한 낙엽을 도화지에 올린 후, 깨끗한 도화지를 덮어 살짝 문질러요.

도화지를 걷어내고 낙엽을 조심스럽게 들어올려 찍힌 모양을 감상해요.

잎맥까지 보여요!

Step 2 나뭇잎 오리기

여러 색의 도화지에 다양한 색으로 나뭇잎 프린트를 찍은 후 잘 말려요.

나뭇잎 프린트를 가위로 오려요. 최소 10개 정도의 나뭇잎을 완성해요.

예쁘게 찍혀 나온 나뭇잎을 3개 정도 선택해서 반짝이풀로 잎맥을 그려요.

Step 3 화환 만들기

일회용 종이접시를 둥근 도넛 모양으로 잘라서 화환의 틀을 만들어요.

나뭇잎을 일회용 접시 틀에 예쁘게 붙여요. 반짝이풀로 장식한 나뭇잎을 보기 좋게 붙여서 마무리해요.

문이나 벽에 걸어두면 멋진 가을 장식이 됩니다.

단풍 도장 찍는 재미에 풍덩
화려한 단풍 풍경

주제 : 단풍

주요 기법 : 물감 도장 찍기

난이도 : ●●○

준비물

여러 가지 나뭇잎, 검정 도화지, 흰색 물감, 붓, 파스텔, 일회용 접시

나뭇잎에 흰색 물감을 칠해서 검정 도화지에 찍으면 흑백으로 명도 대비가 극대화 되면서 무척 흥미롭고 인상적인 작품이 됩니다. 여기에 바탕을 파스텔로 색칠하면 마치 나뭇잎이 화려하게 채색된 것처럼 착시현상을 불러 일으켜서 화려한 단풍 풍경을 연출할 수 있답니다. 검정 바탕이므로 크레용과 색연필보다는 파스텔로 작업해야 채색 효과가 더 좋아요.

이런 점이 좋아요

● 명도(색감의 밝고 어두움) 대비를 감상해요.
● 컴퓨터 그래픽과 같은 착시를 경험해요.

Step 1 나뭇잎 준비하기

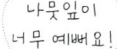
나뭇잎이 너무 예뻐요!

여러 가지 나뭇잎을 수집해요. 수집한 나뭇잎을 30분 이상 책갈피에 끼워 둬요.

나뭇잎의 뒷면에 붓으로 흰색 물감을 칠해요. ★나뭇잎의 뒷면을 찍어야 잎맥이 잘 나타나요.

검정 도화지에 나뭇잎을 올리고 깨끗한 도화지를 덮어 살짝 문질러요. 도화지 가득 나뭇잎을 찍으면서 명도 대비를 감상해요.

Step 2 바탕에 파스텔 색칠하기

흰색 물감이 마르면 파스텔을 이용해 바탕을 칠해요. ★검정 바탕이므로 크레용, 색연필보다 파스텔이 효과적이에요.

손가락으로 파스텔을 살살 문질러 줘요. ★흰색의 나뭇잎에 파스텔이 묻지 않도록 조심하며 완성해요.

흰색 액자에 넣어서 전시하면 나뭇잎의 색감과 어울려서 더욱 보기 좋아요.

문지르면 낙엽이 나타나요
프로타주 가을구성

주제 : 낙엽
주요 기법 : 프로타주
난이도 : ●○○

준비물
여러 가지 나뭇잎, 크레용, 도화지, 테이프, 붓, 식용색소나 수채물감

'프로타주'는 프랑스어로 '마찰시키다, 비비다'라는 뜻이에요. 그래서 여러 가지 재료의 표면을 연필이나 목탄, 크레용 등을 사용해 문질러서 표현하는 방법을 '프로타주 기법'이라고 하지요. 프로타주 기법으로 나뭇잎 재질을 표현하고, 배수성을 이용해 바탕색을 칠해서 화려한 가을 풍경을 표현해 보세요.

● **배수성** 물과 기름이 섞이지 않고 분리되는 원리를 이용한 것으로, 유성 성분의 크레용이 묻어 있는 부분에는 수성 성분인 수채물감이 칠해지지 않는 것을 말해요. 바탕색을 칠하기 어려워하는 아이들이 쉽게 바탕을 채울 수 있는 방법이에요.

이런 점이 좋아요

● 현대 회화의 표현기법의 하나인 프로타주 기법을 배워요.
● 물과 기름이 서로 섞이지 않는 배수성을 경험해요.

Step 1 나뭇잎 붙이기

여러 가지 나뭇잎을 책갈피에 30분 정도 끼워 둬요.

나뭇잎 앞면에 양면테이프를 붙이거나 테이프를 동그랗게 말아서 붙여요.
★잎맥이 잘 드러나는 뒷면을 문질러야 하므로 나뭇잎의 앞면에 테이프를 붙여요.

도화지 가득 나뭇잎을 붙여요.

Step 2 크레용 문지르기

> 나뭇잎이 점점 나타나요.

흰 종이를 덮고 종이를 테이프로 고정시킨 후 크레용을 눕혀서 문질러요.
★크레용을 반드시 눕혀서 사용하세요.

나뭇잎별로 색을 바꿔서 칠해요.

Step 3 바탕 색칠하기

노란색 식용색소를 일회용 접시에 묽게 풀어요. ★수채물감을 사용해도 되지만 식용색소의 발색이 훨씬 좋아서 프로타주가 더 잘 보여요.

물감으로 바탕을 칠해요. 유아들은 힘 조절이 어려워서 종이가 찢어질 수 있으니 부드럽게 칠할 수 있도록 지도해 주세요.

> 배수성 때문에 크레파스가 있는 부분은 물감이 묻지 않으므로 자유롭게 칠해도 돼요.

색종이의 놀라운 변신
나뭇잎 컵받침

● 주제 : 단풍잎
● 주요 기법 : 종이 오리기
● 난이도 : ●●○

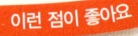 눈꽃송이 오리기 기법을 응용해 나뭇잎 컵받침을 만들 수 있어요. 종이를 여러 겹으로 접은 뒤 잘 오리면 하나로 이어진 컵받침이 된답니다. 섬세하게 모양을 따라 오리거나 결과를 유추하며 가위질을 하는 것은 종이접기 활동과 같은 긍정적인 효과가 있어요. 어린 유아들은 보다 단순한 모양으로 안전 가위를 이용해 진행해 보세요.

이런 점이 좋아요
● 종이를 오리면서 소근육과 손의 협응력이 발달해요.
● 오리기 전에 계획을 세우고 결과를 유추하며 사고력을 길러요.

준비물
색종이, 연필, 지우개, 가위

Step 1 색종이 세 번 접기

색종이를 반으로 접어요.

접힌 삼각형을 다시 반으로 접어요.

접힌 삼각형을 다시 반으로 접어요.

Step 2 나뭇잎 그려서 오리기

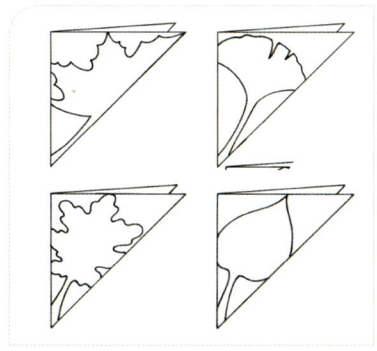
접은 색종이에 연필로 나뭇잎을 그려요.
★펼쳐진 모습을 연상하며 그리도록 유도해 주세요.

노란색 은행잎, 주황색 벚꽃잎, 갈색 상수리나뭇잎, 빨간색 단풍잎 등 도화지 색에 맞춰서 잎 모양을 그려요.

가위로 섬세하게 오린 후 펼치면 나뭇잎 모양의 컵받침이 됩니다.

접혔을 때의 그림에 따라 어떤 결과가 나오는지 관찰해 보세요. 코팅을 하면 오랫동안 컵받침으로 사용할 수 있어요.

나무 도장 찍어서 실루엣 표현하기
노을 지는 가을풍경

주제 : 가을

주요 기법 : 색칠하기, 판화

난이도 : ●●○

준비물

도화지, 물감, 붓, 재활용 박스지, 가위, 연필, 풀, 병뚜껑

가을의 노을빛은 찬란한 단풍의 경관과 더불어 하늘을 무지개색으로 뒤덮곤 합니다. 그 아름다움을 한 번쯤 화폭에 옮길 수 있다면 얼마나 좋을까요? 이번 놀이는 노을 지는 가을을 소재로 한 수채화 작업입니다. 가을빛의 찬란한 색감을 종이에 옮긴 뒤 판화 기법을 이용해 나무를 찍어내는 방법으로, 유아들도 아름다운 가을의 경치를 쉽게 표현할 수 있어요.

이런 점이 좋아요

- 노을 지는 가을 빛을 느껴요.
- 판화로 손쉽게 여러 나무를 표현해요.

Step 1 가을 배경 색칠하기

도화지에 물감을 이용해 붓으로 가을 색감을 칠해요.

단풍 색감이 느껴지도록 빨강, 노랑, 주황, 초록을 주로 사용해요. 흰 바탕이 남지 않게 모두 칠해요.

Step 2 나무 도장 만들기

재활용 박스지에 나무를 그린 후 가위로 오려요.

나무에 병뚜껑을 붙여서 손잡이를 만들어요.

Step 3 나무 도장 찍기

나무야, 나타나라! 얍!

나무 도장에 진한 색의 물감을 칠해요.

배경색을 칠한 도화지에 나무 도장을 찍어요.

손가락 도장을 찍어서 떨어진 낙엽까지 표현하면 완성이에요.

나뭇잎에 털실을 붙여요
알록달록 색실 나뭇잎

주제 : 낙엽

주요 기법 : 풀로 붙여서 꾸미기

난이도 : ●○○

준비물

여러 가지 털실, 나뭇잎, 물풀

낙엽에 털실을 붙이면 어떻게 될까요? 어울릴 것 같지 않은 두 가지 소재를 접목시키면 의외의 멋진 결과가 나오곤 합니다. 화려한 색감의 나뭇잎을 관찰한 후 색감을 단순화시켜서 색실로 구성해 보는 장식 미술이에요. 털실이라는 소재가 주는 따뜻함이 낙엽이라는 소재와 잘 어우러져 늦가을의 정서를 듬뿍 느낄 수 있답니다.

이런 점이 좋아요

● 낙엽의 색감을 구성적으로 표현할 수 있어요.
● 색실을 붙이는 동안 차분한 마음을 길러요.

Step 1 털실 붙이기

외곽선이 단순한 나뭇잎을 골라서 앞면에 풀을 칠해요.

털실을 필요한 만큼 잘라 나뭇잎의 바깥쪽에서부터 둘러요.

꼼꼼히, 꼼꼼히!

색실을 바꿔 가며 안쪽을 모두 채워요.

Step 2 풀 말리기

털실의 끝부분을 정리해요.

통풍이 잘 되는 곳에서 풀을 말려요.

도화지에 붙이고 사인하여 액자에 넣으면 근사한 작품이 됩니다.

구김지에 사과를 찍어요
파피루스 사과 리스

주제 : 사과

주요 기법 : 도장 찍고 꾸미기

난이도 : ●●○

준비물

작은 사과, 종이봉투, 분무기, 다리미, 물감(빨강, 초록), 붓, 일회용 종이접시, 가위, 풀, 검정 사인펜

파피루스지는 식물로 만든 세계에서 가장 오래된 종이입니다. 재활용 종이봉투에 물을 뿌리고 구기는 과정을 반복하면 고대 파리루스 종이 같은 질감이 나오지요. 아이들은 이 독특한 종이 질감을 만들기 위한 과정을 무척 흥미로워한답니다. 이렇게 구김지를 만든 후 가을을 대표하는 과일인 사과의 단면을 찍어 보세요. 간단한 방법의 찍기 작업이지만 구김지를 사용함으로써 더욱 완성도 있는 미술 작업이 됩니다.

이런 점이 좋아요

● 종이를 구기면서 아이들의 긴장감이 해소돼요.
● 고대의 종이인 파피루스에 대해 배워요.

Step 1 구김지 만들기

"마구 마구 구겨야지!"

분무기로 갈색 종이 봉투 전체에 물을 뿌려요.

종이를 구긴 후 찢어지지 않도록 조심스럽게 펼쳐요. ★물 뿌리고 구기는 과정을 2~3차례 반복해요.

다리미로 종이를 다림질하면 고풍스러운 느낌의 구김지가 완성됩니다. ★다림질은 엄마가 도와주세요.

Step 2 사과 도장 찍기

사과의 반을 자른 단면에 붓으로 빨간색을 칠한 후, 구김지에 사과의 단면을 찍어요.

엄지 손가락에 초록색 물감을 묻혀서 잎을 찍고 검정 사인펜으로 사과 씨를 그려요.

Step 3 접시에 붙이기

완성된 사과 프린트를 가위로 오려요.

종이접시의 중심을 오려 내어 도넛 모양의 화환 틀을 만들어요.

"사과 프린트를 종이접시 틀에 붙이고 고리를 달아 완성해요."

사과 하나 드실래요?
도화지 입체 사과

주제 : 사과

주요 기법 : 구멍에 꿰기

난이도 : ●●○

준비물

사과 도안(부록), 초록색 도화지, 모루, 펀치, 가위, 단추, 풀, 연필

아이들이 가장 흔하게 그리는 과일이 아마 사과일 겁니다. 평면적인 사과에서 벗어나 입체적인 사과를 만들어 보면 어떨까요? 빨간 도화지를 자르고 구멍을 내어 모루에 꿰면 실제 사과처럼 입체적인 사과가 된답니다. 도화지 색을 바꾸면 감이나 호박을 만들 수도 있어요. 실로 연결하여 창가에 매달아 두면 예쁜 가을 모빌이 된답니다.

이런 점이 좋아요

● 평면의 종이가 입체로 바뀌는 것을 경험해요.
● 한 가지 도안으로 사과, 호박, 감 등 여러 가지 열매를 만들 수 있어요.

Step 1 사과와 잎 오리기

부록의 사과 도안을 가위로 오려요. 중간 부분이 잘리지 않도록 조심해요. ★빨간색 도화지에 도안을 대고 그려도 돼요.

초록색 도화지에 잎을 그린 후 가위로 오려요.

사과의 양끝과 잎에 펀치로 구멍을 뚫어요.

Step 2 구멍에 꿰어 사과 모양 만들기

사과의 끝부분을 풀로 붙여 둥근 원통을 만들어요. 모루를 반으로 접고 끝부분을 꼬아서 준비해요.

사과 아랫부분의 구멍을 차례대로 모루에 끼워요.

사과 윗부분의 구멍도 모루에 모두 끼운 후 사과 모양을 동그랗게 잡아 줘요. 잎과 단추도 끼운 후 모루를 꼬아서 마무리해요.

색상과 크기, 형태를 달리 하여 감이나 호박도 만들어 보세요.

우리집에 옥수수 다발 걸렸네
습자지 가을 옥수수

주제 : 옥수수

주요 기법 : 풀로 붙이며 표현하기

난이도 : ●○○

준비물

노란색 도화지, 종이봉투, 가위, 풀, 연필, 마끈, 습자지(노랑, 주황, 회색, 파랑, 보라)

🌳 대청마루에 가을 빛을 받으며 걸려 있던 고향집의 마른 옥수수를 기억하시나요? 그 모습을 떠올리며 아이와 옥수수 다발을 만들어 보세요. 습자지를 팝콘처럼 만들어 옥수수 알을 붙여 나가는 과정이 쉽고 재미있어서 아이들의 성취감과 뿌듯함이 배가 되는 작업입니다. 아이들과 가을철 집안 장식을 정감 있는 옥수수로 꾸며 보세요.

이런 점이 좋아요

● 어린 유아도 완성도 높게 만들 수 있어서 자신감이 생겨요.
● 씨앗 열매에 대해 이야기 나눌 수 있어요.

Step 1 옥수수 자루 만들기

노란색 도화지에 대가 달려 있는 옥수수 자루를 그린 후 오려요.

연필로 중심선을 그린후 중심선을 따라 풀을 칠해요.

Step 2 옥수수 알 붙이기

5×5cm로 자른 습자지를 가볍게 구겨서 팝콘처럼 만든 후 중심선부터 바깥쪽으로 붙여요.

노란 알, 파란 알~

같은 방식으로 옥수수를 2~3개 완성해서 잘 말려요.

Step 3 옥수수 껍질 붙이기

종이봉투에 옥수수보다 약간 큰 타원 2장을 그려서 오려요. 종이를 구겨서 자연스러운 느낌을 연출해요.

완성된 옥수수를 모아 풀로 붙이고, 구긴 종이를 양쪽으로 감싸듯이 붙여요.

마끈을 이용해 살짝 묶어서 장식해요.

열매를 붙여서 얼굴을 만들어요
귀여운 도토리맨

주제 : 열매

주요 기법 : **붙이며 구성하기**

난이도 : ●○○

준비물

도토리, 마른 옥수수알, 콩, 기타 열매나 곡식류, 종이접시, 가위, 풀

가을숲을 산책하다 보면 도토리와 밤, 솔방울 등의 열매를 마주치게 되지요. 다양한 색깔과 모양의 열매들을 주워 와서 이를 이용한 미술놀이를 진행해 보세요. 저희는 도토리를 동그란 종이접시에 붙여서 귀여운 도토리맨을 만들어 봤어요. 그 외에 해시계나 동심원 등 다양한 패턴으로 구성해 보세요.

이런 점이 좋아요

● 씨앗 열매에 관해 배울 수 있어요.
● 자연의 재료를 적극 활용해요.

112　가을에는 뭐 하고 놀까?

Step 1 종이접시 오리기

종이접시를 원하는 크기로 둥글게 잘라요.

종이접시에 풀을 칠해요.

Step 2 열매 붙이기

> 내 이름은 도토리맨이야!

짙은 색의 도토리를 테두리에 붙여요.

옥수수알을 붙여서 얼굴을 만들고 콩알 등으로 눈, 코, 입을 표현해요.

> 시계 모양, 동심원 패턴, 방사상 패턴 등 다양하게 구성해 보세요.

가을밤에 어울리는 솔방울 촛대

주제 : 솔방울

주요 기법 : 붙여서 꾸미기

난이도 : ●○○

준비물
솔방울, 도토리, 꽈리 등의 가을 열매, 유리컵이나 작은 유리병, 초, 주황색 종이접시, 흰색 물감, 붓, 모루, 글루건

따뜻하고 아늑한 느낌을 주는 촛불은 고즈넉한 가을밤에 너무 잘 어울리는 실내장식이지요. 포근한 느낌의 주황색 접시에 유리컵을 붙이고 그 주위를 솔방울, 도토리 등 작은 가을 열매로 장식해서 가을 촛대를 만들어 보세요. 아이들이 직접 만든 촛대로 집안 장식을 분위기 있게 바꿔 주면 아이들이 무척 뿌듯해한답니다. 계절의 변화와 시간의 흐름을 알고, 계절마다 다른 정서를 느낄 줄 아는 아이로 자라게 해 주세요.

이런 점이 좋아요
- 촛대에 대해 알게 돼요.
- 자연물 활용법을 경험해요.
- 가을의 정서를 느껴요.

Step 1 솔방울 준비하기

야외활동을 통해 도토리와 솔방울을 수집해요.

솔방울이 예뻐졌어요!

솔방울에 물을 섞지 않은 흰색 물감을 살짝 발라요.

Step 2 솔방울 붙이기

글루건을 이용해 종이접시의 한쪽에 유리컵을 붙이고 둘레에 모루를 붙여요. ★모루의 색감은 흰색이나 주황색, 갈색이 잘 어울려요.

솔방울 등의 가을 열매를 접시에 보기 좋게 배치한 후 글루건으로 붙여요.

양초를 넣어서 촛대로 사용하면 가을의 정취가 흠뻑 느껴져요.

종이를 오리고 꿰어서 만드는
종이 등장식

- 주제 : 등
- 주요 기법 : 오리고 꿰기
- 난이도 : ●○○

🏮 가을은 평화롭고 고즈넉한 운치가 느껴지는 계절이다 보니 어느 때보다도 등 장식이 잘 어울리지요. 종이를 이용해 원통을 만들어 간단한 방법으로 등 장식을 만들 수 있어요. 주황색 색감을 많이 사용하면 깊어가는 가을에 더욱 잘 어울립니다. 계절별로 색감을 바꿔서 작업하여 집안을 장식하는 데 활용해 보세요.

이런 점이 좋아요
- 평면 종이가 입체로 변하는 것을 경험해요.
- 계절에 어울리는 색감을 알아요.

준비물

색종이 또는 색도화지(15×15cm), 펀치, 테이프, 가위, 연필, 자, 실

Step 1 등 모양 만들기

 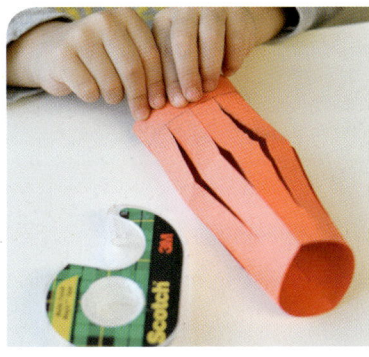 

종이를 반으로 접어 윗부분을 2cm 남기고 1.5cm 간격으로 선을 그린 후 가위로 잘라요. ★선을 긋는 작업은 엄마가 도와주세요.

동그랗게 원통으로 말아 테이프로 붙여요.

양쪽에서 원통을 약간 눌러 모양을 잡아 줘요.

Step 2 등 연결하기

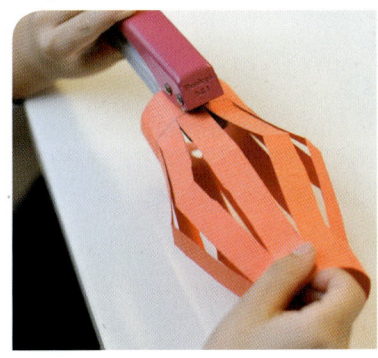 

펀치로 실을 끼울 구멍을 뚫어요. ★구멍 대신 손잡이를 달아 줘도 좋아요.

실로 등과 등을 연결해요.

잘 보이는 곳에 걸어두어 집안을 장식해요. 계절별로 어울리는 색감으로 작업해 보세요.

117

이겨라! 이겨라! 응원도구 만들기
과자 봉지 폼폼

주제 : 응원도구

주요 기법 : 오려서 붙이기

난이도 : ●○○

준비물

과자 봉지, 가위, 테이프, 연필 또는 나무 젓가락

가을의 대표적인 행사가 바로 운동회지요. 운동회 하면 운동경기 못지않게 뜨거웠던 응원전이 떠오릅니다. 응원전에 빠질 수 없는 도구인 '폼폼'을 노끈이나 습자지, 신문지로 만들곤 했는데 이번에는 작고 간단하게 과자 봉지로 만들어 봐요. 알록달록 색상이 예쁘고 찰찰찰 흔들 때마다 은박이 반짝여서 더욱 화려하답니다.

이런 점이 좋아요

● 과자 봉지 재활용을 경험해요.
● 과자 봉지를 오리면서 손의 협응력을 높이고 차분한 마음도 길러요.
● 완성 후 응원도구로 활용해요.

Step 1 과자봉지 오리기

과자 봉지를 끝부분을 남기고 약 1cm 두께로 오려요. ★과자 봉지는 가위질이 너무 쉬워서 오히려 간격을 맞추어 오리기 어려워요. 천천히 가위질하게 도와주세요.

봉지의 끝부분에 테이프를 붙여요.

Step 2 막대기에 붙이기

우리 엄마, 이겨라!

봉지를 연필이나 나무 젓가락에 돌돌 말아요. ★봉지를 2~3개 연결해서 붙이면 폼폼의 숱이 많아져서 더욱 보기 좋아요.

위아래로 흔들면서 응원도구로 활용해요.

색깔을 달리 해서 여러 개를 만들어 보세요.

친척들과의 합작품
한가위 과일 나무

- 주제 : 추석
- 주요 기법 : 꽂아서 장식하기
- 난이도 : ●●○

준비물
파인애플과 기타 과일 2~3가지, 칼, 모양 틀, 12~18cm 꼬치 20여 개, 큰 접시, 쟁반

🌰 풍성한 수확의 계절인 가을에는 우리 민족의 최대 명절인 추석이 있어서 마음이 더욱 풍요로워요. 이렇게 좋은 햇과일들로 가족이나 친척들과 함께 과일나무 미술놀이를 진행해 보세요. 여러 사람이 꼬치를 만들어 작품을 같이 완성하는 재미도 있고, 완성 후 하나씩 뽑아 먹는 재미도 크지요.

이런 점이 좋아요

- 협동작업을 하면서 협동심을 키워요.
- 미술놀이가 간식이 되니 아이들이 더욱 흥미로워해요.

Step 1 과일 자르기

파인애플은 껍질을 벗기고 아래를 편평하게 잘라 기둥으로 준비해요. ★파인애플 대신 사과나 배를 기둥으로 사용해도 돼요.

과일을 칼이나 모양틀을 이용해 꼬치에 꽂기 좋은 크기로 잘라요.

색상이 다양한 과일을 준비해요.

Step 2 꼬치에 꽂기

색감이 예쁘게 나오도록 꼬치에 과일을 꽂아요. 꼬치를 10~20개 정도 만들어요. ★뾰족한 부분이 파인애플에 꽂히도록 해요.

파인애플에 과일 꼬치를 보기 좋게 꽂아요. 균형 잡히게 꽂을 수 있도록 도와주세요.

완성 후 꼬치를 하나씩 빼어 맛있게 먹어요.

여러 색의 과일로 무지개, 꽃과 나비 등도 표현해 보세요.

나는 글자 디자이너
한글날 타이포그래피

- 주제 : 한글날
- 주요 기법 : 붙이며 디자인하기
- 난이도 : ●○○

준비물

박스지, 연필, 풀, 클립(기타 여러 가지 재료 사용 가능)

'타이포그래피'는 간단히 말해서 '글자 디자인'을 뜻해요. 문자나 기호 등의 시각적인 표현을 말하는 것이지요. 한글날을 기념해 한글의 독창성과 아름다움을 느껴보도록 아이가 자신의 이름을 디자인해 보는 시간을 가져 보세요. 여러 가지 사물을 함께 이용하면 '이름 콜라주' 작업이 되고, 한 가지 재료를 선택적으로 사용해서 디자인하면 '타이포그래피'가 됩니다.

이런 점이 좋아요

- 타이포그래피에 대해 배워요.
- 아이의 이름에 담긴 뜻과 의미를 알려 줘요.

Step 1 풀로 이름쓰기

김규진 김규진
김규진 김규진
김규진 김규진

작업에 들어가기 전에 컴퓨터로 아이의 이름을 입력 후 여러 서체를 비교해 봐요.

박스지에 자신의 이름을 큼지막하게 씁니다. 이름의 글씨체를 독특하게 디자인해 봐도 좋아요. ★액자에 넣을 것을 염두에 두고 종이 사이즈를 정해요.

이름에 목공풀을 칠해요. ★목공풀은 비교적 빨리 마르고, 마르고 나면 투명해져요.

Step 2 클립붙이기

풀 위에 클립을 붙여요.

이름에 사물을 붙인 후, 그 위에 한두 겹 더 붙여요. ★여러 겹을 붙이면 재료의 느낌이 더욱 살고 완성도가 높아져요.

클립 대신 단추, 커피, 달걀 껍질, 펀치로 뚫은 종이 등 다양하게 시도해 볼 수 있어요. 서체도 바꾸고 재료도 바꿔서 여러 작품을 만들어 보세요.

습자지를 붙이면 호박등이 나타나요
할로윈 호박 모자이크

주제 : 할로윈

주요 기법 : 붙여서 표현하기

난이도 : ●○○

준비물

습자지 약 5×5cm (주황, 노랑, 빨강, 초록, 검정), 도화지, 풀, 연필, 사인펜

미국과 캐나다의 대표적인 축제일인 할로윈데이(Halloween Day)는 우리나라에서도 더 이상 낯설지 않은 기념일이 됐어요. 이곳 미국에서는 할로윈데이 밤이면 여러 가지 복장으로 분장한 어린이들이 Trick or Treat(과자 안 주면 장난칠 거야.)을 외치며 집집마다 사탕과 초콜릿을 얻으러 다니는 풍습이 있어요. 아이들과 할로윈데이에 관한 책을 읽은 다음, 할로윈데이의 상징인 호박등(Jack O'Lantern)을 만들어 보세요.

이런 점이 좋아요

● 할로윈데이와 호박등에 대해 알게 돼요.
● 유아들도 완성도 있게 만들 수 있어서 자신감과 성취감을 높여 줘요.

Step 1 호박 그리기

할로윈데이에 관한 책을 보면서 호박등에 대해 알아 보고 그 모양을 관찰해요.

도화지에 호박등을 크게 그려요.

Step 2 습자지 붙이기

눈도 삐뚬~
코도 삐뚬~

사인펜으로 테두리를 진하게 그려준 뒤 주황색 습자지를 살짝 구겨 풀로 붙여요.

눈과 코, 큰 입을 다른 색감의 습자지로 붙여서 완성해요.

무서운 표정,
화난 표정 등도
만들어 보세요.

할로윈 입체 호박

10월에는 호박을 만들어요

주제 : 할로윈
주요 기법 : 오려 붙이기
난이도 : ●●○

이곳 미국에서는 할로윈데이가 있는 10월 한 달 동안 풍성한 호박으로 집안을 장식하는 가정이 많아요. 대문이나 뜰에 큰 호박과 가을 국화를 놓아 두거나 작은 호박등을 달아 불을 켜지요. 창문에는 호박 그림들을 붙여 놓고 가을 열매들로 센터피스를 만들어 식탁을 꾸미기도 해요. 따뜻하고 풍성한 가을날 색종이를 오리고 붙여 입체 호박을 만들어 집안을 장식해 보세요. 주황빛의 호박 색감은 가을을 더욱 운치 있게 꾸며 준답니다.

준비물
주황색 도화지, 핑킹가위, 나무 막대기, 갈색 사인펜, 초록색 모루, 양면테이프, 모양 펀치

이런 점이 좋아요
- 할로윈데이에 대해 이해해요.
- 평면 종이를 입체로 만드는 법을 배워요.

126 가을에는 뭐 하고 놀까?

Step 1 반원 자르기

 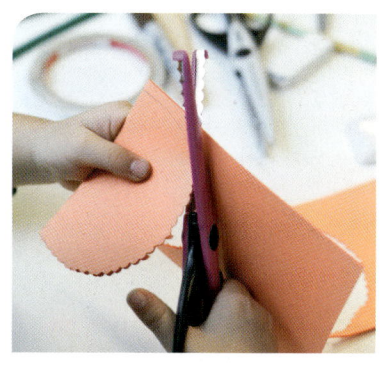 

도화지를 반으로 접고 둥근 물건을 이용해 중심보다 1cm 정도 연장된 반원을 그려요.

핑킹가위로 반원을 오려요. 입체 호박 1개를 만들려면 반원 2개가 필요해요.

모양 펀치나 일반 펀치로 둘레에 구멍을 뚫어 장식해요. ★펀치가 없으면 스티커나 비즈를 붙여서 꾸며요.

Step 2 나무 막대기 붙이기

나무 막대기를 갈색 사인펜으로 색칠한 후 양면테이프를 붙여요.

나무 막대기에 반원 2장을 마주보게 붙여요.

초록색 모루를 나무 막대기에 돌려 고정시킨 뒤, 연필로 감아서 덩굴을 표현해요.

도화지의 색감을 바꾸면 배, 사과, 수박 등 다른 과일이나 야채도 만들 수 있어요.

거미가 줄을 타고 올라갑니다~
구슬로 그리는 거미줄 액자

주제 : 거미

주요 기법 : 구슬로 그리기

난이도 : ●○○

준비물

검정 도화지, 오븐팬, 흰색 물감, 구슬, 검정 뽕뽕이, 검정 모루, 가위, 풀, 테이프, 글루건, 펀치, 흰색 실

할로윈데이가 있는 가을에는 박쥐나 거미 같은 음산한 동물 장식들이 눈에 많이 띕니다. 할로윈데이가 아니어도 박쥐와 거미는 아이들 미술놀이의 좋은 소재가 됩니다. 특히 거미는 동화책의 소재로도 자주 등장하는 곤충이므로 책을 읽고 독후활동으로 이 놀이를 진행해도 좋아요. 구슬을 이용해 거미줄을 그리고, 간단한 방법으로 거미를 만들어 연결하는 조형작업입니다.

이런 점이 좋아요

● 거미줄 만드는 색다른 방법을 경험해요.
● 우연의 효과를 경험해요.
● 조형의 다양함을 알게 돼요.

Step 1 거미줄 만들기

  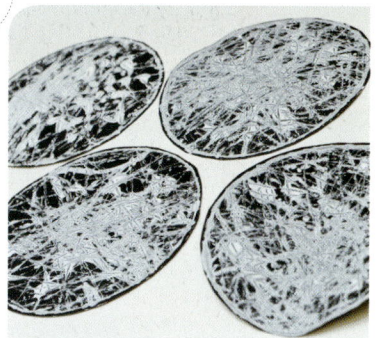

구슬 거미가 거미줄을 치고 있어요.

검정 도화지를 오븐팬 크기로 자른 후, 테이프로 오븐팬에 붙여요. 흰색 물감을 드문드문 올려 놓아요. ★오븐팬이 없으면 종이접시를 사용해요.

구슬을 이리저리 굴려서 거미줄 모양을 만들어요.

여러 장 작업하여 가장 만족스러운 결과물을 선택해요.

Step 2 거미 만들기

왕거미다!

검은 색 모루를 길이가 같게 잘라서 4개 준비해요. 다리 4쌍이 되도록 모루를 사진과 같이 엮어요.

글루건으로 뽕뽕이 큰 것(몸통)과 작은 것(머리)을 다리에 붙여요. 눈알도 붙여서 거미를 완성해요.

Step 3 거미와 거미줄 연결하기

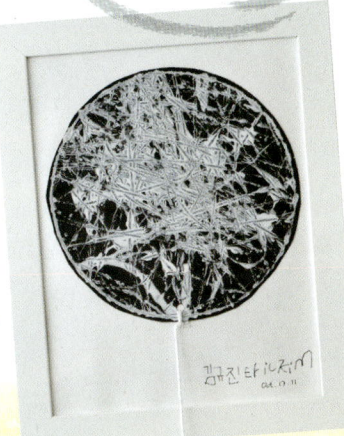

덮개를 뺀 액자에 완성물을 넣어요. 거미가 벽을 타고 내려 오는 멋진 작품이 됐어요!

글루건으로 흰 실을 거미와 연결해요.

거미줄에 펀치로 구멍을 뚫어 거미를 매달아요.

겨울에는 뭐 하고 놀까?

Art im Winter

겨울은 날씨가 추워서 실내에 머무는 시간이 많다 보니
그야말로 미술놀이의 계절입니다. 특히 크리스마스가 있는 12월에는
트리와 카드, 전등갓 등 진행할 수 있는 미술놀이가 너무나 많아 행복하지요.
눈을 기다리거나 함박눈을 감상하며 눈이나 눈사람에 관한 미술놀이를
하는 것도 큰 즐거움이랍니다. 새해를 맞이하여 아이들과 한 해의 계획과
희망을 다짐하면서 '소원공'도 만들어 보세요. 사탕이나 선물을 꽂을 수
있는 기발한 포장법도 소개하니 발렌타이데이에 톡톡 튀는 선물을 만들어
친구들에게 건네 보시고요. 추울 겨울이지만 재미난 미술놀이로
따뜻하고 값진 추억의 시간을 많이 만드시길 바랍니다.

테이프와 칫솔로 겨울 풍경 표현하기
테이핑 겨울나무

주제 : **겨울나무**
주요 기법 : **테이핑 이용한 회화**
난이도 : ●●○

준비물
도화지, 마스킹 테이프, 물감, 칫솔, 붓

겨울나무를 표현한 회화 작업입니다. 마스킹 테이프를 이용하면 스케치에 대한 부담 없이 아주 쉽게 나무를 표현할 수 있어요. 또 테이핑이라는 새로운 기법을 사용함으로써 명암 대비와 우연이 주는 신비감도 느낄 수 있지요. 칫솔 뿌리기 기법으로 눈 내리는 것을 표현하는 과정은 아이들이 가장 재미있어하는 부분입니다. 겨울나무를 관찰하고 회화 작업을 하면서 아이들에게 시간의 흐름과 더불어 변화하는 자연을 느끼게 해 주세요.

●**마스킹 테이프** 접착력이 강하면서도 비교적 손상 없이 잘 떼어지기 때문에 채색할 때 외곽선을 깨끗하게 마감하거나 색을 분할해서 칠할 때 자주 사용됩니다.

이런 점이 좋아요
● 마스킹 테이프 기법을 이해하고 활용해요.
● 칫솔을 활용하며 미술도구에 대한 고정관념에서 벗어나요.
● 나무의 변화를 관찰하고 느껴요.

132 겨울에는 뭐 하고 놀까?

Step 1 테이프 붙이고 색칠하기

도화지에 구도를 결정하고 마스킹 테이프를 붙여요. 테이프를 자연스럽게 찢어 나뭇가지도 표현해요.

겨울 느낌이 나도록 파랑과 보라 계열로 바탕을 칠해요. 붓의 터치가 나타나게 칠해요. ★물감의 농도가 너무 묽거나 두껍게 칠하면 마르는 데 시간이 오래 걸려요.

바탕색이 마르면 흰색 물감을 칫솔에 묻혀 손가락으로 문질러 눈 내리는 모습을 표현해요.

Step 2 나무 색칠하기

마르고 나면 마스킹 테이프를 모두 떼어내요. ★그림이 상하지 않도록 주의하세요.

갈색 물감으로 나무의 한쪽 면에 명암을 넣어요. ★밝고 어두운 부분이 있으면 볼륨감이 생긴다는 것을 알려 주세요.

나무가 좀 더 자연스러워 보이도록 터치를 넣어 완성해요.

눈 내리는 배경의 겨울 나무가 완성됐어요. 바탕색과 나뭇잎의 표현을 바꿔서 다른 계절의 나무도 표현해 보세요.

북채를 두드리면 별이 나타나요
스텐실 겨울밤

- 주제 : 겨울 풍경
- 주요 기법 : 스텐실, 배수성
- 난이도 : ●●○

유아들도 풍경화를 쉽게 진행할 수 있는 방법을 소개해 드릴게요. 크레용과 물감의 배수성을 이용하면 바탕색을 금방 칠할 수 있고, 구멍에 물감을 찍는 '스텐실' 기법으로 눈사람이나 별의 모양을 손쉽게 표현할 수 있어요. 아이와 함께 눈 내리는 겨울밤 풍경을 완성도 있게 연출해 보세요.

● **배수성** 물과 기름이 섞이지 않고 분리되는 성질을 말해요. 즉, 기름 성분인 크레용이 묻은 자리에는 수채 물감이 칠해지지 않기 때문에, 이런 성질을 이용해서 바탕색을 쉽게 칠할 수 있어요.

이런 점이 좋아요
- 스텐실 기법을 체험해요.
- 배수성의 원리를 이해해요.
- 풍경화를 쉽게 완성할 수 있어요.

준비물
키친타월, 나무젓가락, 고무줄이나 실, OHP필름지, 물감, 붓, 스케치북, 흰색 크레용

134 겨울에는 뭐 하고 놀까?

Step 1 북채와 공판 준비하기

나무 젓가락에 키친타월을 둥글게 여러 겹 감싸고 실이나 고무줄로 묶어서 북채를 완성해요. 스텐실에 필요한 색의 수 만큼(3개 정도) 만들어요.

OHP필름지에 겨울밤 분위기를 낼 수 있는 소재 2~3개(눈사람, 별, 달 등)를 그린 후 오려서 찍어낼 공판을 만들어요. ★엄마가 미리 준비해 주세요.

Step 2 배경 색칠하기

도화지에 흰색 크레용을 이용해 동글동글 눈을 진하게 그려요.

> 색을 칠하니까 눈이 보여요!

파란색과 보라색 물감을 묽게 만든 후 큰 붓으로 도화지에 물감을 칠해요. ★크레용이 칠해진 자리는 물감이 묻지 않아서 자연스럽게 눈 내리는 풍경이 연출돼요.

Step 3 스텐실 찍기

> 별 모양이 찍혀요!

도화지가 마르면 공판을 올리고 테이프를 붙여요. 북채에 노란 물감을 묻혀 모양을 찍어요. ★물감의 농도는 묽지 않아야 해요.

찍어낸 것을 완전히 말려요.

> 얇은 붓으로 눈사람의 표정 등을 그려서 완성해요.

고대 유물 같은 느낌이 나요
알록달록 나뭇가지 액자

● 주제 : 나뭇가지
● 주요 기법 : 색칠해서 꾸미기
● 난이도 : ●○○

준비물

나뭇가지, 붓, 아크릴 물감, 사인펜, 액자, 갈색 종이봉투, 분무기, 다리미, 글루건

흙과 나무 등 자연물 소재에는 인위적으로 만들어서는 담을 수 없는 특유의 자연미와 온기가 있어요. 떨어진 나뭇가지에 색을 입히고 액자에 넣으면 마치 과거 어느 문명의 전시품과 같은 느낌을 준답니다. 갈색 종이봉투를 구겨서 만든 구김지를 바탕으로 사용하면 채색된 나뭇가지의 고풍스런 느낌과 더욱 조화를 이루지요. 나뭇가지가 어떻게 아름다운 컬렉션으로 변하는지 경험할 수 있는 작업이에요.

이런 점이 좋아요

● 주변의 자연을 관찰하고 탐구하는 습관을 길러요.
● 일반적인 사물을 이용한 다양한 아이디어가 싹터요.

Step 1 나뭇가지 꾸미기

액자에 전시될 수 있는 적당한 길이의 나뭇가지를 골라 여러 색으로 채색해요. ★아크릴 물감을 이용하면 불투명하고 빨리 건조되어 좋아요.

물감이 마른 후 사인펜으로 더 장식해요.

Step 2 액자의 구김지 만들기

재활용 갈색 종이 봉투 전체에 분무기로 물을 뿌려요.

마구 구긴 후 찢어지지 않도록 조심스럽게 펼쳐요. ★원하는 구김 질감이 나오도록 물 뿌리고 구기는 과정을 2~3차례 반복하면 좋아요.

다리미로 종이를 다림질한 후 액자에 붙여요. 구김지를 붙인 액자에 글루건으로 나뭇가지를 붙여요.

사진처럼 나뭇가지를 조금만 사용하여 붙이면 박물관의 고대 유물과 같은 느낌이 나요. 또는 나뭇가지를 많이 이용해서 조형 작품을 만들어 봐도 좋아요.

눈송이가 맛있어요
또띠아 눈송이 간식

주제 : 눈
주요 기법 : 장식하고 굽기
난이도 : ●○○

준비물
또띠아빵, 제과용 스프링클스(색설탕, 시나몬 설탕, 치즈가루 등), 주방 가위, 오븐팬

아이들이 집에 있는 시간이 많은 겨울방학 동안 함께 간식을 만들어 보세요. 쿠키틀로 찍어낸 샌드위치, 초콜릿 팝콘, 눈사람 바나나, 요거트 과일 그림 등 미술놀이와 접목시킬 수 있는 간식 만들기가 참 많답니다. 그 중에서 겨울철에 어울리는 눈송이 간식을 소개해 드릴게요. 종이를 접어 가위집을 넣어서 눈송이 모양을 만드는 놀이를 또띠아에 응용해 본 거예요. 또띠아로 눈송이를 만들고 토핑하여 구워 내면 바삭하고 고소한 게 정말 맛있답니다.

이런 점이 좋아요
- 눈꽃 오리기를 배워요.
- 미술놀이가 간식으로 이어져 더욱 흥미로워요.

Step 1 또띠아 오리기

눈 모양 빵이 됐어요!

또띠아빵을 반으로 접고, 또 반으로 접어요.

깨끗한 주방가위를 이용해 눈송이 모양이 되도록 잘라요. (143쪽 참고) ★종이에 먼저 연습한 뒤 진행해 보세요.

찢어지지 않게 조심스럽게 펼쳐요.

Step 2 또띠아 장식해서 굽기

스프링클스(색설탕, 시나몬 설탕, 파마산 치즈, 마늘허브, 소금 등)를 1~2가지 정도 뿌려서 장식해요.

오븐팬에 올리고, 예열된 오븐에 넣어 180℃(360°F)에서 5~10분 구워요.

빵이 약간 노릇하게 구워지면 완성이에요. 작품을 감상한 후 맛있게 먹어요.

나도 바느질할 수 있어요
스티로폼 눈꽃 모빌

주제 : 눈
주요 기법 : 바느질하기
난이도 : ●●○

준비물
눈꽃 도안(부록), 스티로폼 접시, 연필, 돗바늘, 뜨개실, 칼, 가위

스티로폼 접시는 가볍고 부담스럽지 않아서 아이들이 다루기에 아주 유용한 미술놀이 재료이지요. 표면에 자국을 내어 도장을 만들 수도 있으며, 그 자체가 캔버스나 액자가 되기도 해요. 이번에는 접시를 자르고 바느질해서 눈꽃을 만들어 보세요. 아이들은 엄마처럼 바느질을 한다는 것 자체에 무척 신이 나서 열심히 작업에 임한답니다. 완성 후 크리스마스 트리 장식이나 겨울철 창가의 실내 장식으로 활용하기에도 좋아요.

이런 점이 좋아요
● 스티로폼 접시의 활용법을 경험해요.
● 바느질을 하며 협응력과 집중력을 키워요.
● 눈꽃의 생김새를 알아요.

Step 1 접시로 눈꽃 만들기

부록의 눈꽃 도안을 오려 스티로폼 접시에 테이프로 살짝 고정시킨 뒤, 뾰족한 도구나 연필로 외곽선을 그려요.

가위나 칼을 이용해 선을 따라 잘라요.

눈꽃에 바늘이 지나갈 자리를 살짝 표시해 주세요. ★아이가 어리면 엄마가 구멍을 뚫어 주세요.

Step 2 바느질해서 꾸미기

저도 바느질 잘하죠?

돗바늘에 뜨개실 50cm 정도를 끼우고 매듭지은 후 오려낸 눈꽃에 바느질을 해요.
★바늘이 이동하는 자리를 알려 주세요.

바느질이 끝나면 뒷면에 매듭을 짓고, 매달아 두기에 적당한 길이의 실을 남기고 마무리해요.

여러 크기의 눈꽃을 만들어서 모빌로 작업하면 예뻐요.

종이를 오리면 눈꽃이 하늘하늘~
눈꽃송이 종이 전등갓

- 주제 : 눈꽃
- 주요 기법 : 오려 붙이기
- 난이도 : ●○○

준비물

종이 전등갓, 회색 습자지나 색종이, 밀가루풀, 가위, 붓, 소켓, 전구
★종이 전등갓은 온라인 쇼핑몰에서 '한지등'으로 검색하면 쉽게 구매할 수 있어요.

겨울철 집안 분위기를 더욱 포근하게 만들어 주는 한지 전등갓이에요. 전등갓에 눈꽃 모양을 오려 붙이면 겨울 분위기가 한층 더해집니다. 눈꽃 모양을 만들기 위해서는 종이의 중심을 잘 맞추어 접고 세밀하게 오려야 해요. 오린 다음 종이를 펼쳤을 때 나타나는 멋진 눈꽃 모양에 아이들은 무척 즐거워하지요. 작품을 만든 후 전선을 연결하면 실제 사용할 수 있어서 아이들이 더욱 뿌듯해합니다.

이런 점이 좋아요

- 섬세한 눈꽃 오리기를 통해 차분한 마음을 길러요.
- 예측하며 오리게 되므로 계획성이 생겨요.

Step 1 눈꽃 오리기

물(1컵)과 밀가루(1큰술)를 섞어 한 번만 끓여 밀가루풀을 만들어요.

회색 습자지나 색종이를 6~7cm의 정사각형으로 10~15장 준비해요. ★유아들은 가위질하기 쉬운 습자지를 사용하세요.

아래 방법을 참고하여 종이를 접고 오려서 눈꽃 모양을 만들어요. ★오리는 부분을 연필로 그려 주면 좋아요.

> 제가 만든 눈꽃 좀 보세요!

눈꽃 오리는 법

위 방법 외에 다양한 방법으로 오려 보세요.

Step 2 눈꽃 붙이기

전등갓에 습자지 눈꽃을 밀가루풀로 붙여요. ★손으로 매만져 주면 더 꼼꼼히 붙일 수 있어요.

전등갓에 전구를 넣은 소켓을 끼우면 완성이에요.

> 계절마다 어울리는 무늬를 찾아서 작업해 보세요.

도넛과 과자로 눈사람 만들기
맛있는 눈사람 스낵

주제 : 눈사람

주요 기법 : 붙이고 장식하기

난이도 : ●○○

준비물

흰색 도넛, 막대 과자나 이쑤시개, 눈사람 장식할 음식(판형 젤리, 알 초콜릿, 코코넛 후레이크 등)

겨울을 상징하는 눈사람은 아이들에게 언제나 설레임을 안겨 줍니다. 함박눈을 기다리며 아이들과 도넛을 이용해 눈사람을 만들어 보세요. 정해진 방식이 있는 것이 아니므로 집에 있는 간식을 이용해 자유롭게 꾸미면 됩니다. 완성 후 하나씩 빼먹는 재미도 잊지 마시고요.

이런 점이 좋아요

- 아이 스스로 적극적으로 아이디어를 생각해요.
- 미술놀이가 간식으로 연결되어 더욱 흥미로워해요.

Step 1 눈사람 만들기

흰색 도넛을 2단 또는 3단 눈사람이 되도록 이쑤시개나 막대 과자에 고정시켜요.

눈을 붙일 위치에 물을 살짝 바르고 알 초콜릿을 붙여요. 코와 입도 마음껏 장식해요. ★수분을 머금은 분말 슈가가 접착제 역할을 해요.

판형 젤리나 아이싱 등을 이용해 목도리와 단추를 그려요. ★다른 재료를 사용해도 상관 없어요.

Step 2 눈 오는 풍경 연출하기

도넛에 약간의 물을 바르고 쿠키로 모자를 씌워요.

접시에 눈사람 도넛을 올리고 코코넛 후레이크를 뿌려 눈이 쌓인 분위기를 연출해요. ★코코넛 후레이크 대신 화이트 초콜릿을 강판에 갈아서 써도 돼요.

펑펑~ 눈이 옵니다~

완성 후에는 달콤한 눈사람 스낵을 재미나게 먹어요.

일회용 컵을 이용해서도 눈사람을 만들어 보세요.

크리스마스 분위기 물씬~
크리스마스 종이컵 조명갓

- 주제 : 크리스마스
- 주요 기법 : 그려서 구멍 뚫기
- 난이도 : ●●○

크리스마스를 기다리는 것은 그 어느 기념일보다 큰 설레임과 기쁨을 주지요. 크리스마스를 맞이하면서 아이들과 함께 집안 장식을 꾸며 보세요. 거창할 것 없는 소박한 재료로 아이들의 정성과 솜씨를 다해 만든 크리스마스 장식품은 그 무엇과도 비교할 수 없는 값진 소품이 됩니다. 종이컵에 그림을 그려서 오려낸 뒤 트리 전구에 끼우기만 하면 훌륭한 크리스마스 조명갓이 된답니다.

준비물
크리스마스 도안(부록), 종이컵(초록, 빨강), 트리 전구, 연필, 지우개, 눈썹가위, 칼

이런 점이 좋아요
- 기념일을 준비하고 즐기는 마음을 알게 돼요.
- 자신이 만든 소품으로 집안을 장식한 것을 보면서 자신감과 성취감이 커져요.

Step 1 종이컵에 구멍 뚫기

부록에 있는 도안을 이용해 크리스마스를 상징하는 그림을 종이컵에 작게 스케치해요.

눈썹가위로 스케치를 오려요. ★부분적으로 모양 펀치를 이용해 뚫어도 됩니다.

Step 2 전구에 끼우기

컵 하나에 2~3개의 모양을 뚫는 것이 예뻐요.

컵의 바닥에 1cm 십자 모양 칼집을 넣어요.

> 종이컵을 꼬마 전구에 끼워요. 멋진 조명갓이 완성됐죠?

나무 막대기를 붙이면 트리가 돼요
꼬마 크리스마스 트리

주제 : 크리스마스

주요 기법 : 붙이고 장식하기

난이도 : ●○○

준비물

나무 막대기, 사인펜(초록, 갈색), 가위, 풀, 글루건, 스팽글, 끈

12월 25일 크리스마스가 다가오면 집집마다 크던 작던 크리스마스 트리를 만들게 되지요. 크리스마스 트리에 매달 수 있는 깜찍한 장식품을 소개해 드릴게요. 나무 막대기를 이용해 만든 꼬마 트리로서, 큰 트리에 매달아 두어도 되고 그 자체가 트리를 대신할 수도 있어요. 아이들과 직접 크리스마스 장식을 준비한다면 더욱 기쁘고 의미 있는 크리스마스가 될 거예요.

이런 점이 좋아요

- 크리스마스를 준비하는 기쁜 마음을 느껴요.
- 자신이 장식한 트리를 보면서 자부심을 가져요.

Step 1 트리 모양 만들기

나무 막대기를 사인펜이나 물감을 이용해 초록 계열로 색칠해요.

나무 막대기를 2cm씩 작아지도록 잘라서 5~6개 준비해요.

폭이 넓은 나무 막대기를 갈색으로 색칠해요. 초록 막대기를 길이 순서대로 나열한 후 글루건으로 고정해요. ★기울기가 조금씩 달라야 리듬감이 느껴져서 보기 좋아요.

Step 2 트리 장식하기

풀이나 글루건으로 장식용 스팽글을 붙여요.

꼬마 트리의 뒷면에 6cm 정도의 끈을 글루건으로 붙여 완성해요.

꼬마 크리스마스 트리가 완성됐어요. 이 자체가 트리를 대신할 수도 있고 큰 트리를 장식하는 소품으로 써도 좋아요.

빛나는 달걀을 대롱대롱 매달아요
달걀 크리스마스 장식품

주제 : 크리스마스

주요 기법 : 붙여서 꾸미기

난이도 : ●●●

준비물

속을 뺀 달걀, 습자지, 밀가루풀, 붓, 풀, 글루건, 스팽글, 반짝이, 눈썹가위, 낚싯줄이나 실

타원형 형체를 갖고 있는 달걀을 멋진 크리스마스 장식품으로 탈바꿈시킬 수 있어요. 속을 뺀 달걀에 습자지를 붙이고 예쁘게 꾸미면 크리스마스 트리를 더욱 빛내주는 소품이 된답니다. 종이를 눈꽃 모양으로 오려서 붙여도 되고, 스팽글이나 스티커를 붙여서 장식할 수도 있어요. 다양한 방법으로 마음껏 화려하게 장식해 보세요.

이런 점이 좋아요

- 동일한 사물을 다양하게 장식하는 방법을 생각해요.
- 창의력과 아이디어가 풍부해져요.

Step 1 달걀에 습자지 붙이기

달걀의 위아래에 작은 구멍을 내고 손의 스냅을 이용해 달걀물을 빼요. 달걀 속 흐르는 물로 헹궈요. ★달걀을 깨끗하게 씻은 후 입으로 불면 좀더 빨리 뺄 수 있어요.

여러 색의 습자지를 잘게 찢어요.

붓으로 밀가루풀을 바르면서 찢어둔 습자지를 달걀에 붙여요. ★일반 물풀을 사용해도 돼요.

Step 2 달걀 장식하기

습자지를 작게 접은 후 눈썹가위로 오려서 눈꽃송이를 만들어 풀로 붙여요.

글루건이나 풀로 스팽글을 붙여요. 필요에 따라 반짝이로 장식해요.

달걀에 뚫었던 구멍에 실을 넣어 글루건으로 고정시켜요. 비즈나 스팽글 등으로 마무리 장식을 해요.

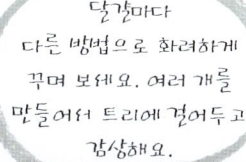

달걀마다 다른 방법으로 화려하게 꾸며 보세요. 여러 개를 만들어서 트리에 걸어두고 감상해요.

울려라 울려라 종소리 울려~
달걀판 꼬마종

주제 : 크리스마스
주요 기법 : 오리고 색칠하기
난이도 : ●●○

준비물
종이 달걀판, 연필, 아크릴 물감(빨강, 초록), 붓, 초록색 모루, 가위, 방울, 반짝이풀

크리스마스 장식 중에서 대표적인 소품 중 하나가 '종'이지요. 종을 작업할 수 있는 방법은 아주 많은데, 그 중에서 버려지는 종이 달걀판을 이용해 꼬마종을 만드는 법을 알려드릴게요. 사이즈가 작고 앙증맞아서 크리스마스 트리에 걸어도 예쁘고, 길게 연결하여 창가에 걸어도 너무나 멋진 크리스마스 장식이 된답니다.

이런 점이 좋아요
● 재활용품을 이용한 미술놀이로 사물을 보는 시각이 달라져요.
● 아이디어가 풍부한 아이로 자라요.

Step 1 달걀판 오리기

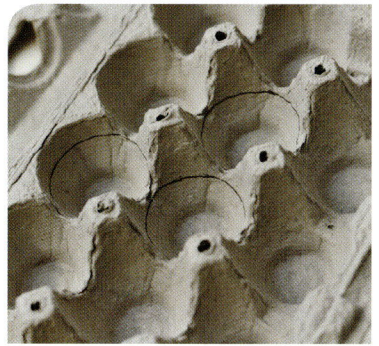

종이 달걀판의 안쪽에 사진과 같이 펜으로 오리는 부분을 그려요.

펜으로 그려진 부분을 가위로 오려요.

달걀판에 길이가 3~4cm 되는 나뭇잎을 그려서 오려요. ★종 하나에 나뭇잎이 2장씩 필요해요.

Step 2 종 색칠하기

빨간 딸기종이에요!

종이 되는 부분에는 물을 섞지 않은 빨간색 아크릴 물감을 칠해요. ★아크릴 물감은 건조가 빠르고 불투명하기 때문에 한 번만 칠해도 효과가 좋아요.

잎이 되는 부분에는 물을 섞지 않은 초록색 아크릴 물감을 칠해요. ★아크릴 물감은 옷에 묻으면 지워지지 않으므로 주의해요.

물감이 다 마른 후 뾰족한 도구를 이용해 종과 나뭇잎에 구멍을 뚫어요.

Step 3 방울 달기

반짝이풀을 이용해 종을 예쁘게 장식한 후 트리에 걸어요.

반으로 자른 초록색 모루를 나뭇잎에 끼워요.

종에 나뭇잎을 끼운 모루를 넣고, 종의 안쪽 모루에 방울을 달아요.

산타를 위한 크리스마스 촛대

산타 할아버지, 조심하세요!

주제 : 크리스마스
주요 기법 : 오려 붙이며 꾸미기
난이도 : ●○○

준비물

유리병(길이 10cm 내외로 목이 좁지 않은 것), 모루(빨강, 초록), 도화지, 가위, 뿅뿅이, 펀치로 뚫은 동그라미 조각 또는 동그라미 스티커, 풀

산타 할아버지가 밤에 선물을 놓고 가실 때 앞이 잘 보이도록 촛불을 놓아두고 싶다는 아이의 기특한 생각에서 이번 작업이 시작됐어요. 그래서 '산타 할아버지를 위한 크리스마스 촛대'라는 제목이 지어졌답니다. 촛불을 유리병에 넣었기 때문에 초가 넘어질 염려도 없고 더욱 예쁘기도 하지요. 밤에 촛대를 보고 기뻐하실 산타 할아버지에 대해 이야기를 나누며 아이들과 즐거운 시간을 가져 보세요.

이런 점이 좋아요

● 어두운 밤을 밝혀 주는 촛대를 만들며 배려하는 마음을 알게 돼요.
● 직접 만든 촛대를 사용하면 아이들은 더 많은 꿈을 꾸게 돼요.

Step 1 눈사람 붙이기

흰 도화지에 눈사람을 그리고 오린 후 눈사람을 꾸며요.

눈사람을 빈 유리병에 붙이고, 펀치로 뚫은 동그라미 조각이나 동그라미 스티커를 붙여서 눈을 표현해요.

Step 2 이름표 만들기

초록색 도화지에 호랑가시나무 잎을 그려서 오려요.

크기가 다른 하트 두 장을 붙여 이름표를 만들고, 이름이나 메시지를 적어요.

Step 3 손잡이 연결하기

초록색과 빨간색 모루를 꼰 것을 2줄 만들어요. 모루에 하트와 잎을 끼워요.

모루 하나는 손잡이로 사용하고, 나머지 하나는 유리병에 둘러요. 빨간색 뽕뽕이를 풀로 붙여서 장식해요.

촛불을 유리병에 넣으면 크리스마스에 어울리는 촛대가 돼요.

양말 모자를 뒤집어 쓴
찬송하는 사람들

주제 : 크리스마스

주요 기법 : 오리고 붙이기

난이도 : ●○○

준비물

휴지심, 재활용 종이 봉투, 헌 양말, 악보, 색종이, 가위, 풀, 양면테이프, 펜, 종이봉투, 분홍색 색연필, 끈

휴지심은 미술 재료로서 활용도가 아주 높기 때문에, 작은 아이디어만 있으면 계절이나 기념일에 맞추어 다양한 만들기를 진행할 수 있어요. 겨울철에는 눈사람이나 찬송하는 인물로 만들어서 크리스마스 트리에 매달아 두거나 창가에 놓아 두면 아이들이 꾸미는 근사한 실내장식이 됩니다.

이런 점이 좋아요

- 휴지심과 양말의 재활용을 경험해요.
- 인물 표현법을 배워요.

Step 1 몸통과 얼굴 준비하기

휴지심에 색종이를 양면테이프로 붙여서 몸통을 만들어요.

재활용 종이봉투에 달걀형의 얼굴을 그려서 오려요. ★또 다른 휴지심을 약간 눌러 타원을 만들어 얼굴을 그리면 좋아요.

노래 부르는 얼굴 표정과 추운 겨울 날씨에 상기된 볼을 그려요. ★아이들의 표정이 살아있는 사진을 출력해서 사용하면 더욱 재미있어요.

Step 2 몸통에 재료 붙이기

악보와 장갑을 적당한 크기로 오린 후, 악보 끝에 장갑을 붙여요.

얼굴과 장갑을 휴지심에 붙여요.

Step 3 모자 씌우기

양말을 씌우고 끈으로 묶어요.

가위로 양말 끝을 잘라요.

크기나 색깔을 달리하여 여러 개를 만들어 보세요. 휴지심의 원기둥 모양을 이용해서 또 무엇을 만들 수 있을지 상상해 보세요.

풍선을 빵 터트리는 재미가 최고!
털실 소원공

주제 : 새해 소원

주요 기법 : 풀로 붙이고 꾸미기

난이도 : ●○○

준비물

풍선, 털실, 밀가루풀, 가위, 장식용 비즈, 스팽글, 풀

새해를 맞이하여 꿈과 소망을 담아 소원공(Wishing Ball)을 만들어 보세요. 작은 풍선에 털실을 감아 딱딱하게 굳힌 후 풍선을 걷어내고 예쁘게 장식하면 돼요. 소원공을 만들면서 아이들과 한 해의 소망과 계획에 대해서 이야기 나누고, 그 내용을 종이에 적어 공 안에 넣으면 더욱 의미 있는 미술놀이가 됩니다.

이런 점이 좋아요

● 털실이 공 모양이 되는 신기한 과정을 체험해요.
● 아이들과 한 해의 계획과 소망에 대해 이야기 나눠요.

Step 1 밀가루풀과 풍선 준비하기

물(1컵)과 밀가루(2큰술)를 섞어 한 번만 끓여서 진한 밀가루풀을 준비해요. ★아이가 손으로 만지는 것이므로 엄마표 밀가루풀을 사용하는 것이 좋아요.

풍선을 주먹만한 크기로 불어요. 만들고 싶은 만큼 풍선을 여러 개 준비해요.

Step 2 풍선에 털실 감기

털실을 풀에 담가서 적셔요. 풍선 1개 당 약 8m의 실이 사용돼요. ★실을 1m 정도로 잘라서 사용하면 엉키지 않아요.

풀에 적신 털실을 풍선에 감아요. ★엄마는 실을 잡아 주고 아이는 풍선을 돌려가며 실을 감으면 수월해요.

실공을 하룻밤 말리면 단단하게 굳어요.

Step 3 실공 장식하기

풍선이 빵 터졌어요!

단단하게 굳은 실공 사이로 이쑤시개를 넣어 풍선을 제거해요. ★아이들이 가장 재미있어하는 과정이에요.

실 사이로 지저분하게 보이는 마른 풀을 이쑤시개로 정리하고, 소원을 적은 종이를 공 안에 넣어요.

비즈나 스팽글을 붙여 장식해요. 실로 연결해서 모빌을 만들어 창가에 매달아 두면 더욱 예뻐요.

돌아라, 팽이야!
CD 회전혼합 팽이

주제 : 팽이
주요 기법 : **오려 붙이기**
난이도 : ●○○

준비물
CD, 구슬(지름 2~2.5cm), 병뚜껑, 색감 있는 종이, 가위, 연필, 풀, 글루건

겨울이 되면 더욱 신나게 즐길 수 있는 민속놀이 중 하나가 '팽이치기'이지요. 팽이를 사서 놀이를 할 수도 있지만, 안 쓰는 CD를 이용해서 나만의 팽이를 만들어 보세요. 색종이로 팽이를 꾸며서 돌리면 회전혼합을 경험할 수도 있어요. 새해를 맞이하여 재활용품으로 만든 팽이로 가족 모두 즐거운 시간을 가져 보세요.

● **회전혼합** 하나의 면에 두 가지 이상의 색을 붙인 후 빠른 속도로 회전시켰을 때 색이 혼합되어 보이는 현상

이런 점이 좋아요

● CD를 재활용하는 법을 경험해요.
● 다양한 회전혼합을 경험해요.
● 팽이치기를 하며 눈과 손, 팔의 협응력을 길러요.

Step 1 CD 꾸미기

잡지나 색종이 등 색감 있는 종이에 CD를 대고 본을 그려요.

가위로 필요한 분량만큼 오려요.

CD에 오려낸 종이를 풀로 붙여 구성해요.
★회전혼합을 관찰하기 위해서는 여러 색을 반복적으로 구성해 주면 더욱 효과적이에요.

Step 2 팽이 만들기

CD 윗면 중앙에 병뚜껑을 글루건으로 붙여서 손잡이를 만들어요. CD 아랫면 중앙에는 구슬을 글루건으로 붙여요.

병뚜껑을 잡고 세게 돌리면 CD 팽이가 돌아가요. 여러 모양과 색감으로 만들어서 다양한 회전혼합을 경험해 보세요.

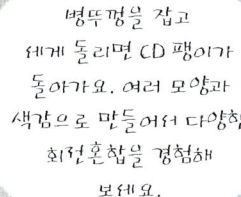

한복에 어울리는 색동 머리띠도 만들어 보세요. 안 쓰는 머리띠에 빨강, 파랑, 노랑 모루를 순차적으로 감아 주면 전통적인 느낌의 머리띠가 됩니다.

내 사탕을 받아줘
발렌타인 하트 사탕꽃

주제 : 발렌타인데이

주요 기법 : 오려 붙이기

난이도 : ●●○

준비물

색도화지, 색종이, 막대사탕, 연필, 펜, 송곳, 가위, 풀.

2월 14일 발렌타인데이에 친구들과 가족에게 사랑의 마음을 전할 수 있는 작은 선물을 준비하는 것은 어떨까요? 정성을 가득 담아 손수 만든 하트꽃을 선물한다면 무엇보다 값진 마음의 선물이 될 거예요. 이 하트꽃은 생일파티 때 테이블 이름표로 활용할 수도 있고, 꽃잎의 색감을 초록색으로 바꿔 행운의 사탕 클로버로 사용할 수도 있어요. 여러 가지 쓰임으로 활용해 보세요.

이런 점이 좋아요

● 작은 선물로 마음을 표현하는 방법을 배워요.

Step 1 꽃잎 만들기

종이를 반으로 접은 후, 하트의 반쪽을 그리고 가위로 오려요.

오려낸 하트를 본으로 대고 두 장을 더 만들어 모두 세 장의 하트를 준비해요.

세 장의 하트를 사진과 같이 중심을 모아 붙여서 꽃을 만들어요.

Step 2 꽃 중심 꾸미기

다른 색의 종이에 동그라미를 그려서 오린 후 꽃의 중앙에 붙여요.
★핑킹 가위로 잘라도 좋아요.

꽃잎 부분을 약간 오므리듯이 접어 모양을 잡아 줘요.

Step 3 사탕 꽂기

뾰족한 도구로 중심부에 구멍을 뚫어요.

막대사탕을 끼우기 전에 짧은 글이나 이름을 써요.

막대사탕을 돌려 끼워서 완성해요. 테이프로 고정시켜 주면 더 튼튼해요.

나비는 선물을 싣고~
종이나비 선물 포장

- 주제 : 발렌타인데이
- 주요 기법 : 오려 붙이기
- 난이도 : ●○○

학교에서 기념일마다 지나치지 않고 이벤트를 가지는 미국의 문화는 참 인상적입니다. 저학년 수업과정에서는 한 해 동안의 기념일에 대해서 알려 주고 이에 따른 미술놀이도 충실히 진행해서 아이들이 그 유래와 상식을 배우고 문화를 즐길 수 있도록 가르칩니다. 그리고 기념일이 되면 선생님, 친구들과 작은 마음의 선물을 주고받기도 하지요. 보통 연필 한 자루에 사탕 한두 개 정도 넣은 간단한 Goody Bag이 오고갑니다. 발렌타인데이를 기념해서 친구들에게 마음을 전할 수 있는 카드를 겸한 Goody Bag 아이디어를 소개해 드릴게요.

이런 점이 좋아요
- 기념일을 바로 알고 소박하게 즐길 줄 알게 돼요.
- 주변 사람들을 사랑하는 마음을 배워요.

준비물

색도화지, 가위, 풀, 막대사탕, 모루, 연필

Step 1 나비 모양 오리기

색도화지를 반으로 접어 연필로 비대칭 하트를 그려요. 이를 오리면 나비 모양이 됩니다.

사진의 점선 부분을 칼로 잘라요.

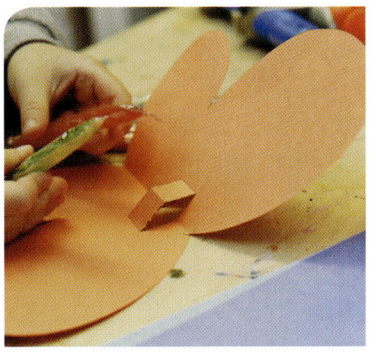
자른 부분을 위로 들어올려서, 막대사탕이나 연필을 꽂을 수 있는 공간을 만들어요.

Step 2 나비 꾸미기

색종이나 스티커를 이용해 나비의 날개를 장식해요.

모루로 막대사탕과 연필을 묶고 둥글게 꼬아 더듬이를 만들어요.

연필과 막대사탕 묶음을 나비에 꽂으면 기발한 선물 포장이 완성됩니다. 친구에게 나비 한 마리를 선물해 보세요.

이 나비를 누구한테 줄까?

이런 미술기법도 있었네!
Art & Adventures

아이들에게 있어서 그림이란 언어 다음으로 중요한 의사 수단이기 때문에

아동 회화는 정서 및 심리 발달과 밀접한 관련이 있습니다.

이렇게 중요한 아동기의 회화는 크레파스만으로는 그 영역을 확장하는 데 한계가 있어요.

여러 가지 기법과 소재를 사용하게 해 주면 긴장이 해소되고 상상력이 길러져

보다 쉽게 자신의 생각을 표현할 수 있게 됩니다.

그런 차원에서 이번 챕터에 있는 다양한 미술기법을 적용해 보세요.

우연적 효과로 긴장 해소에 좋은 찍기, 마블링, 열처리 판화를 소개합니다.

그림 늘이기, 직조, 반사패턴 기법 등 디자인도 경험하게 해 주세요.

그 외에 반죽놀이를 통한 성형기법, 관찰화, 공예기법 등도 담겨 있어요.

아이디어가 빛나는 여러 기법을 통한 미술놀이로 아이들의 창의력을 키워 주세요.

나는야 실 아티스트
우연적인 실그림

주요 기법 : 실로 구성하기

난이도 : ●○○

준비물

여러 장의 도화지, 물감, 실, 붓, 일회용 접시, 무거운 책

우연적인 효과를 이용해 그림을 그리는 작업은 긴장을 해소해 주기 때문에 어린 유아들에게 특히 좋습니다. 예상치 못한 결과에 더욱 흥미롭게 반응하기도 하고, 자발적으로 새로운 시도를 하면서 자기 주도적으로 작업하는 등 여러 가지 긍정적인 효과가 있지요. 실에 물감을 묻혀 잡아당겨 표현하는 미술작업도 그런 효과를 가져오는 놀이입니다. 예상보다 멋지게 나오는 작품에 아이들은 스스로 감탄하며 자신감을 갖는답니다.

이런 점이 좋아요

- 우연적인 효과에 더욱 흥미로워해요.
- 아름다운 결과물에 자신감을 얻어요.

Step 1 실에 물감 묻히기

실 여러 겹을 도화지 2.5배의 길이로 잘라요.

종이접시에 물감을 덜어 실에 색을 묻혀요.

도화지 위에 실을 구불구불하게 올리고 잡아당기기 위해 끝부분을 남깁니다.

Step 2 실 잡아당기기

트럼펫 같기도 하고 분수 같기도 해요.

찍어낼 종이를 조심스럽게 덮고 그 위에 묵직한 책을 올려요.

실을 하나씩 잡아당겨요.

실을 모두 뺀 후 책을 치우고 도화지를 조심스럽게 펼쳐 찍힌 모양을 감상해요.

실의 색과 위치를 바꿔가며 여러 번 진행해 보세요. 검정이나 다른 색의 도화지에도 같은 방법으로 진행해 보고 느낌을 비교해 보아요.

쌩쌩, 바퀴로 색칠해요
자동차 바퀴 물감놀이

주요 기법 : 물감 찍기

난이도 : ●○○

준비물

마스킹 테이프, 도화지, 물감, 바퀴가 독특한 장난감 자동차

아이들은 테이프를 무척 좋아하지요. 이번 놀이를 통해서 원 없이 테이프를 붙여 볼 수 있어요. 뿐만 아니라 장난감 자동차에 물감을 묻혀서 쌩쌩 달리는 자유도 만끽할 수 있지요. 우연적인 컬러링 효과가 무척 흥미롭고, 각기 다른 장난감 자동차가 만들어 내는 바퀴 자국을 관찰하는 재미도 있어요.

● **마스킹 테이프** 접착력이 강하면서도 비교적 손상 없이 잘 떼어지기 때문에 채색할 때 외곽선을 깨끗하게 마감하거나 색을 분할해서 칠할 때 자주 사용됩니다.

이런 점이 좋아요

● 붓 대신 장난감으로 채색을 하는 색다른 경험을 해요.
● 우연적인 컬러링 효과를 관찰해요.

170 이런 미술 기법도 있었네!

Step 1 테이프 붙이기

도화지에 마스킹 테이프를 자유롭게 붙여요.

여러 색의 물감을 여기저기에 떨어뜨려요.
★물감을 도화지에 떨어뜨리지 않고 바퀴에 묻히면서 진행해도 돼요.

Step 2 마음껏 자동차 굴리기

쌩! 쌩!
달려라, 달려!

도화지 위에서 장난감 자동차의 바퀴를 마구 굴려요.

바퀴의 크기와 모양이 다른 자동차들을 굴려서 자국을 비교해 보세요. ★바퀴의 무늬와 크기가 다양할수록 재미있어요.

마음껏 바퀴를 굴리고 난 후 조심스럽게 테이프를 떼어 작품을 감상해요.

테이핑을 하지 않고 자동차 바퀴만으로도 진행해 보세요.

크레용을 녹이는 재미가 굿~
크레용 열처리 판화

주요 기법 : 크레용 녹이기
난이도 : ●○○

준비물
스케치북, 크레용, 연필깎이, 물감, 붓, 일회용 접시, 다리미

크레용으로 색칠하기만 하셨나요? 크레용으로 할 수 있는 간단하면서도 재미있는 판화 기법을 소개해 드릴게요. 크레용을 잘게 잘라 다리미로 열을 가하면 크레용이 녹으면서 멋진 우연의 그림을 만들어 냅니다. 여기에 물감을 칠하면 배수성을 경험할 수 있고, 유산지에 넣어 꾸미면 여름철에 Sun Catcher로 활용할 수도 있지요. 흥미로운 열처리 판화기법으로 유아들에게 크레용이라는 재료에 대한 탐색의 시간을 갖게 해 주세요.

이런 점이 좋아요
● 크레용이 만들어 내는 우연의 효과를 경험해요.
● 물과 기름이 분리되어 덧칠해 지지 않는 배수성을 배워요.

Step 1 크레용 깎기

연필깎이를 이용해 여러 가지 색의 크레용을 깎아서 준비해요.

깎은 크레용 조각을 스케치북에 올려 놓아요.

찍어낼 종이를 덮고 다시 덧종이를 2장 정도 덮어요. ★ 덧종이는 다리미의 오염을 방지하기 위해 필요해요.

Step 2 크레용 녹이기

가장 낮은 온도의 다리미로 슥슥 문질러요. ★다림질은 위험하니 꼭 엄마가 같이 해 주세요.

종이를 펼쳐 크레용이 녹은 모습을 감상해요.

우와, 크레파스가 녹았어요!

물감을 묽게 풀어 붓으로 바탕을 칠해요. ★크레용은 기름 성분이므로 크레용이 있는 곳에는 수성 물감이 묻지 않는 '배수성의 효과'를 확인할 수 있어요.

바탕색을 바꿔 가며 여러 작품을 마음껏 만들어 봐요.

나란히 나란히 그림을 놓아요
그림 늘이기 디자인

주요 기법 : 그림 이어 붙이기

난이도 : ●○○

준비물
도화지(흰색, 검정색), 물감, 붓, 풀, 가위

어린 유아들은 재료를 경험하고 느끼는 미술놀이 위주로 진행하기 때문에 조형 원리를 이용해 디자인 감각을 느낄 수 있는 활동은 미루어지곤 합니다. 이번 놀이는 쉽고 간단한 방법으로 디자인의 조형 원리를 경험할 수 있는 작업이에요. 지켜야 하는 순서와 규칙이 있기 때문에, 문제 해결 능력과 차분한 마음을 길러줄 수 있어요. 아이가 과정을 인지한 후 체계적으로 진행해 나가는 모습을 지켜보세요.

이런 점이 좋아요
● 수채물감 놀이가 어떻게 디자인화 되는지 경험해요.
● 디자인의 반복과 변화, 간결성을 느껴요.

Step 1 줄무늬 그리기

흰색 도화지에 물감으로 가로 줄무늬를 그려요.

선으로 그려도 되고, 면으로 그려도 돼요.

Step 2 검정 도화지에 붙이기

물감이 마르면 종이를 세로 방향으로 자르고, 자른 순서대로 검정 도화지에 나열해요. ★자른 순서가 뒤섞이지 않도록 해요.

검정 도화지 위에 나열한 채색지를 적당한 간격으로 벌려서 풀로 붙여요.

수채물감 놀이가 어떻게 디자인화 되는지 이야기해 보고 반복과 변화, 명도 대비 등을 느껴 봐요.

종이를 위로 아래로 엮어요
파도치는 종이 직조

● 주요 기법 : 직조
● 난이도 : ●●○

직조는 오래 전부터 섬유뿐만 아니라 인류의 생활 전반에 널리 쓰이고 있는 공예기법이에요. 반복과 연속을 통하여 시각적인 환영을 꾀하는 옵티컬 아트(Optical Art)의 착시 현상과도 밀접한 관계가 있어요. 단순한 규칙이지만 강한 심미감을 느낄 수 있고 손의 협응력도 크게 키울 수 있어 어린이들에게 더없이 좋은 활동입니다.

이런 점이 좋아요
● 직조기법을 배워요.
● 수학적인 패턴 규칙을 통해 집중력을 훈련해요.
● 손의 협응력이 높아져요.

준비물
도화지(흰색, 검정, 기타 여러 색), 가위, 칼, 마스킹 테이프, 풀

176 이런 미술기법도 있었네!

Step 1 곡선 그려서 오리기

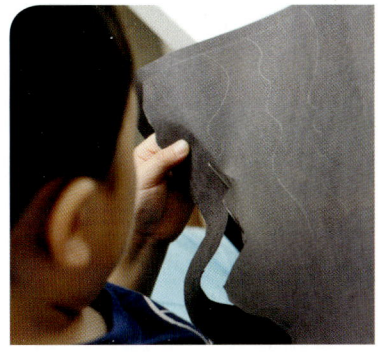 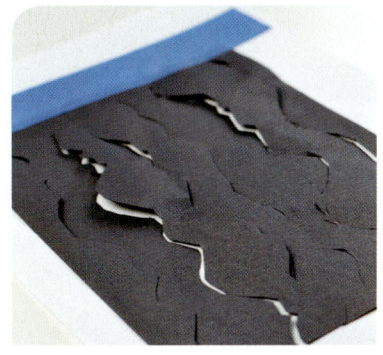 

검정 도화지에 끝부분 1cm만 남기고 곡선을 그린 후, 가위로 곡선을 따라 오려요.
★강한 명도 대비를 위해 검정 도화지를 이용하는 것이 좋지만, 반복적인 무늬가 있는 포장지를 이용해도 돼요.

바탕지가 되는 흰색 도화지 위에 검정 도화지를 올리고, 남겨둔 1cm 끝부분에 마스킹 테이프를 붙여서 흰색 도화지에 붙여요.

색도화지는 두께가 각각 다른 직선으로 잘라요. ★엄마가 준비해 주세요.

Step 2 직조기법으로 엮기

색도화지를 검정 도화지와 위아래로 교차하며 엮어요. ★색도화지와 색도화지 사이 틈새가 벌어지지 않도록 밀면서 작업해요.

도화지의 틈새가 벌어지지 않도록 정리한 후, 흰색 바탕지와 색도화지 직조 부분을 풀로 붙여 고정시켜요.

검정 도화지의 곡선 때문에 마치 파도가 연상되는 작품이 완성됐어요. 또 무엇이 떠오르는지 아이들과 이야기 나눠 보세요.

무지개 비늘 하나만 줄래?
직조기법 무지개 물고기

● 주요 기법 : 직조
● 난이도 : ●●○

무지개 물고기의 비늘을 표현하는 방법은 아주 다양합니다. 앞에서 배운 직조기법을 활용해서도 무지개 물고기의 화려한 비늘을 표현할 수 있어요. 직조기법이 단순한 디자인에 머무는 것이 아니라 그림 속에서 또는 생활 속에서 어떻게 활용되는지 체험하면서 응용력과 창의성을 기를 수 있답니다. 〈무지개 물고기〉 책을 읽은 뒤 독후활동으로 진행하면 더 좋아요. 또는 완성된 작품을 이용해 역할놀이도 해 보세요.

준비물

흰 도화지, 색 도화지, 색종이, 물감(파란 계열), 붓, 가위, 칼, 가위, 연필, 풀, 사인펜

이런 점이 좋아요
● 직조기법의 활용을 체험해요.
● 〈무지개 물고기〉 독후활동을 할 수 있어요.

178 이런 미술기법도 있었네!

Step 1 바다와 물고기 그리기

흰 도화지에 파란 계열의 물감으로 바닷속을 칠해요. ★붓 자국이 보이도록 칠하면 좋아요.

색도화지에 무지개 물고기를 크게 그리고, 직조를 하기 위한 세로 선을 그려요. 엄마가 세로 선을 칼로 잘라요.

여러 색의 색종이를 1~2.5cm 두께로 잘라요. ★색종이 대신 잡지나 포장지를 이용해도 돼요.

Step 2 직조로 무지개 비늘 표현하기

자른 색종이를 다양하게 사용하여 무지개 물고기의 비늘을 직조해요.

색종이의 남는 부분을 가위로 자른 후, 색종이의 끝부분을 풀로 붙여요. 뒷면도 색종이의 끝부분을 풀로 붙여 고정시켜요.

무지개 물고기를 가위로 자른 후, 미리 칠해 놓은 바탕에 풀로 붙여요.

무지개 비늘 하나만 줄래?

도화지나 색종이에 작은 물고기를 그려 가위로 오린 후 바탕에 붙여요. 완성된 그림을 이용해 〈무지개 물고기〉 역할놀이도 해 보세요.

색도화지를 블랜더에 갈아요
색도화지 종이죽 그릇

● 주요 기법 : **성형하기**
● 난이도 : ●●○

'종이죽' 하면 학창시절에 사용했던 신문지와 풀이 먼저 떠오를 겁니다. 하지만 색도화지와 물, 블랜더만 있으면 끈적거림 없이 곱고 예쁜 색의 도화지죽을 만들 수 있어요. 색도화지를 이용하기 때문에 따로 채색할 필요도 없이 다양한 색의 종이죽을 만들 수 있지요. 블랜더에 종이를 가는 과정 또한 아이들이 무척 신기해하고요. 친숙한 재료인 종이를 이용하여 즐거운 시간을 가져 보세요.

이런 점이 좋아요
● 반죽을 만드는 과정을 아이들이 직접 진행할 수 있어요.
● 반죽이 끈적거리지 않아서 작업이 편리하고 쉬워요.

준비물

여러 색의 색도화지(색깔 별로 2~3장씩), 채반 여러 개, 물, 블랜더, 가위

Step 1 색도화지 갈기

색도화지를 가위로 자르거나 손으로 찢은 후, 물에 잠깐 불려요.

블랜더를 약하게 시작하여 중간 단계로 갈아요. 손으로 만져 보아서 죽의 상태가 될 때까지 갈아 줘요. ★물을 넉넉히 넣어야 회전이 부드럽게 돼요.

잘 갈아진 도화지죽을 채반에 넣고 손으로 지긋이 눌러 물을 약간만 빼 줘요. ★물기가 너무 부족하면 그릇을 성형하기 어려워요.

Step 2 그릇 모양으로 만들기

그릇의 틀이 되는 채반에 무늬가 될 부분을 올려요.

도화지죽을 채반에 올려 그릇을 만들어요. 손이나 키친 타월로 지긋이 눌러 남은 물기를 빼 줘요. ★도화지죽을 7~8mm의 균일한 두께로 펼치고 꼼꼼하게 붙여요.

다른 색의 종이죽으로 그릇 안쪽에 무늬를 만들어 줘도 좋아요.

바람이 잘 통하는 곳에서 48시간 정도 말린 후 표면 마감제(바니시 등)를 발라 주면 더욱 좋아요. 그릇을 이용해 소꿉놀이를 해 보세요.

밀가루죽을 짜요 짜요~
밀가루죽 천 그림

● 주요 기법 : 풀로 그리기
● 난이도 : ●●○

종이 대신 천 조각을 사용하고, 연필 대신 밀가루로 스케치를 한다면 어떨까요? 이렇게 일반적인 틀을 벗어난 조형활동은 아이들의 흥미와 창작 능력을 북돋우는 데 도움이 됩니다. 밀가루죽으로 스케치를 하고 물감으로 채색한 후 밀가루죽을 떼어 내면, 그 자리는 물감이 묻지 않아서 흰색이 그대로 남게 됩니다. 이는 흰색 테두리와 같은 효과를 주면서 색다른 느낌의 결과물을 만들어 내지요.

준비물
흰색 티셔츠, 밀가루, 지퍼백, 그릇, 거품기, 물, 아크릴 물감, 붓

이런 점이 좋아요
● 죽으로 스케치를 하는 색다른 재미를 느껴요.
● 죽을 떼어 낸 후 생기는 결과를 흥미롭게 관찰해요.

Step 1 밀가루죽과 천 준비하기

물(10큰술)과 밀가루(12큰술)를 거품기로 잘 섞어서 묽은 밀가루죽을 만들어요.

도화지가 될 흰색 티셔츠를 잘라요. ★완성 후 넣을 액자의 크기에 맞춰서 준비해요.

Step 2 죽으로 스케치하기

밀가루죽을 지퍼백에 담고 지퍼백의 끝부분을 2~3mm 잘라요. 지퍼백을 짜면서 밀가루죽을 이용해 티셔츠에 그림을 그려요.

그림을 하룻밤 동안 말려요.

Step 3 물감으로 색칠하기

흰색 테두리가 나타나요!

밀가루죽이 모두 말랐으면 아크릴 물감으로 채색해요. ★아크릴물감에 물을 섞지 않아야 빨리 건조되고 나중에 밀가루를 잘 떼어낼 수 있어요.

아크릴 물감이 다 마른 후에 밀가루를 떼어 내요.

밀가루죽을 떼어 낸 자리에 흰색 테두리가 남아서 선명한 그림이 됐어요. 다리미로 편평하게 다림질하면 더 좋아요.

나는 색깔 마법사
무독성 수채물감 만들기

● 주요 기법 : 색 혼합하기
● 난이도 : ●○○

준비물

반죽 재료 베이킹 소다 200ml, 옥수수 전분 200ml, 식초 150ml, 투명 물엿 100ml
기타 플라스틱 달걀판, 식용색소(빨강, 파랑, 초록, 노랑), 큰 그릇, 숟가락, 계량컵, 포크나 이쑤시개

집에 있는 식재료를 이용해 아주 쉽고 간단하게 무독성 수채물감을 만들 수 있어요. 집에서 직접 수채물감을 만든다는 사실에 아이들은 무척 흥미로워하며 놀이에 임한답니다. 식용색소의 빨강, 파랑, 초록, 노랑의 4가지 기본 색만으로 얼마나 많은 색을 만들어 낼 수 있는지 아이들이 직접 체험하게 해 주세요.

이런 점이 좋아요

● 색의 혼합을 경험해요.
● 완성 후 물감으로 사용해요.
● 굳으면 분필로도 사용해요.

184 이런 미술기법도 있었네!

Step 1 반죽 만들기

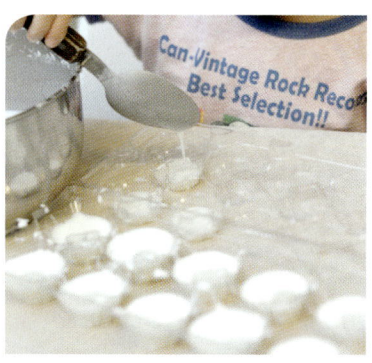

큰 그릇에 반죽 재료를 모두 넣어요. ★식초를 넣으면 거품이 올라 부피가 커지므로 큰 그릇을 사용해요.

재료를 모두 잘 섞어요.

반죽을 숟가락으로 떠서 플라스틱 달걀판에 넣어요.

Step 2 색 만들기

빨강 + 노랑 = 주황
빨강 + 파랑 = 보라
파랑 + 노랑 = 초록
파랑 + 초록 = 청록
초록 + 노랑 = 연두
보라 + 노랑 = 갈색

나는 색깔 마법사!

식용색소의 기본 4색(빨강, 파랑, 노랑, 초록)을 이용하여 여러 가지 색을 만들어요.

색을 3~4방울씩 떨어뜨려 이쑤시개로 섞어요.

색 혼합표를 참고하여 비율을 조금씩 조절하면서 색을 만들어요. ★같은 계열의 색을 한꺼번에 만들면 좋아요. 예를 들어 빨간 계열인 연노랑, 진노랑, 주황, 다홍, 빨강, 분홍 등을 함께 작업해요.

완성된 수채물감을 이용해 물감놀이를 해 보세요.

굳은 후에도 물을 묻혀 물감으로 사용할 수 있어요. 또 굳은 물감을 분필처럼 사용할 수도 있어요.

우유에 무슨 일이 일어난 거야?
우유 마블링 놀이

주요 기법 : 마블링

난이도 : ●○○

준비물

우유, 식용물감이나 식용색소, 주방세제, 면봉, 일회용 접시

미술활동이라고 해서 꼭 보존할 수 있는 결과물이 나와야 하는 것은 아닙니다. 미술놀이는 즐거움과 영감을 얻을 수 있는 모든 창작 활동을 의미하므로, 남겨지지 않는 작업이더라도 새로움을 느끼고 아름다움을 느낄 수 있다면 미술로서의 가치가 있지요. 마블링이 그런 놀이 중 하나입니다. 우유에 식용색소를 떨어뜨려 주방세제를 묻힌 면봉을 담그면 멋진 마블링이 나타납니다. 여러 색으로 시도해 보면서 우연의 효과를 맘껏 느껴 보세요.

이런 점이 좋아요

● 마블링이 생기는 원리를 알아요.
● 간단한 방법으로 미술놀이를 즐겨요.

Step 1 우유에 물감 넣기

접시에 바닥이 가려질 만큼의 우유를 부어요. ★저지방 우유가 아니라 지방을 포함하고 있는 일반 우유를 사용하세요.

식용물감이나 식용색소를 떨어뜨려요.

Step 2 마블링 놀이하기

누나, 이것 좀 봐!

면봉에 주방세제를 묻혀 식용물감을 떨어뜨린 우유 접시에 담가요.

규진아, 이것 좀 봐!

면봉을 담그자마자 올라오는 마블링을 관찰해요. ★우유의 지방 성분이 주방용 세제에 분해되면서 표면장력이 일어나 식용물감이 확 퍼져 올라와 마블링이 되는 거예요.

물감색을 바꿔 가며 화려한 무늬를 만들어 보세요.

식용색소가 남으면 염색놀이를 해 보세요. 냅킨, 키친타월 등을 접어서 무늬를 그린 후 펼치면 멋진 무늬가 나타나요.

아빠 면도 크림으로 놀아요
쉐이빙 크림 마블링

주요 기법 : 마블링

난이도 : ●○○

준비물

쉐이빙 크림, 도화지, 식용색소 또는 수채물감, 젓가락, 오븐팬 또는 쟁반

유아기 아이들에게는 종이를 맘껏 찢거나 물에 적시는 것처럼 사소한 작업도 큰 자극이 됩니다. 사인펜의 색을 번지게 하고, 깨끗한 손에 갖가지 물감을 묻혀 보게 할 때 아이들의 얼굴에서 긴장감과 동시에 흥미진진함을 읽을 수 있습니다. 일종의 파격을 통해 아이들은 자극을 받고 창의성이 커 나가는 것이지요. 아빠의 '쉐이빙 크림'으로 미술놀이를 해 보는 것도 아이들에게는 신선한 자극이 됩니다. 쉐이빙 크림에 물감을 떨어뜨려 마블을 만들고, 그것을 종이에 찍어 판화작업을 해 보세요. 멋진 결과물을 얻을 수 있어 성취감도 높아진답니다.

이런 점이 좋아요

● 색다른 재료를 통해 신선한 경험을 해요.
● 마블링을 만들며 우연의 아름다움을 감상해요.

Step 1 쉐이빙 크림에 물감 섞기

쉐이빙 크림의 거품을 오븐팬에 뿌리고 크림을 편평하게 펼쳐요.

원하는 색감의 식용색소나 수채물감을 군데군데 떨어뜨리고, 마블이 잘 나타나도록 나무 젓가락으로 적당히 섞어요.

Step 2 도화지에 찍어 내기

최적의 마블이 나타나면 준비된 도화지를 올려 놓고 지긋이 눌러요.

도화지를 조심스럽게 들어 올려 마블을 감상해요.

> 쟁반에 쉐이빙 크림을 뿌린 후, 굵은 빗이나 손으로 마음껏 그림을 그리고 촉감을 느끼는 놀이도 해 보세요.

> 도화지를 잘 말린 후 액자에 넣어요. 도화지에 묻어 나온 쉐이빙 크림은 건조 후 털어내면 됩니다.

습자지 평면 구성

크레파스 없이도 멋진 작품 완성!

주요 기법 : 붙이기, 도장 찍기
난이도 : ●●○

준비물
도화지, 다양한 색상의 습자지나 한지, 밀가루풀, 붓, 스티로폼 접시, 병 뚜껑, 양면테이프, 진한 색감의 물감, 가위, 연필, 사인펜

습자지를 찢어서 배경을 만들고, 스티로폼 접시로 도장을 만들어 진한 색으로 찍으면 판화 느낌의 회화가 완성됩니다. 습자지를 찢어 붙임으로써 마치 실크 스크린으로 작업한 것 같은 느낌을 이끌어 낼 수 있어요. 아이들은 색다른 평면 조형작업을 시도해 보면서, 미술기법의 다양성을 체험하게 됩니다.

● **실크 스크린** 현대 화가 앤디 워홀이 즐겨 사용했던 미술기법으로 공판화의 한 종류예요. 상업적인 포스터 등에 많이 사용되었지요.

이런 점이 좋아요
● 찢어서 표현함으로써 긴장이 해소돼요.
● 습자지의 자연스러운 표현법을 느껴요.
● 실크스크린 느낌을 체험해요.

Step 1 습자지 붙이기

물(1컵)과 밀가루(1큰술)를 섞어서 한 번만 끓인 후 식혀 밀가루풀을 준비해요.

어떤 주제로 화면을 구성할지 구상한 후, 붓으로 밀가루풀을 도화지에 바르고 습자지를 찢어 붙여 배경을 완성해요.

Step 2 스티로폼 도장 만들기

배경과 어울리는 소재를 선택해 스티로폼 접시에 사인펜으로 그림을 그려요.

가위로 오린 후, 연필로 눌러 올록볼록 질감을 표현해요.

양면테이프로 손잡이가 될 병뚜껑을 붙여 도장을 완성해요.

도장에 붓으로 진한 색깔의 물감을 바르고 적당한 위치에 도장을 찍어서 완성해요.

밤 풍경을 만들고 박쥐 도장도 찍어 보세요.

흰색 종이의 우아한 변신
흰색 종이 구성

- 주요 기법 : 구성하기, 디자인
- 난이도 : ●●○

준비물

흰색 종이 여러 장, 가위, 풀, 연필, 자

친숙한 재료인 종이를 이용해 유아부터 고학년에 이르기까지 디자인을 경험해 볼 수 있는 놀이예요. 통일된 재료를 반복적으로 사용하면서 디자인의 조형 원리인 반복과 통일감을 느낄 수 있어요. 통일된 재료를 사용한 절제된 종이 구성을 통해 아이들은 디자인에 대해 조금 더 이해하게 됩니다.

이런 점이 좋아요
- 디자인의 원리인 반복과 통일감을 느껴요.
- 평면의 종이가 부피감 있는 작품으로 변하는 것을 경험해요.

Step 1 정사각형 오려서 말기

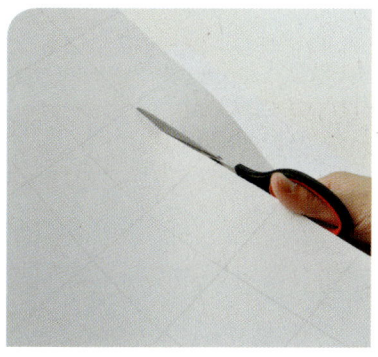

흰색 종이에 5×5cm 크기의 정사각형을 여러 개 그려서 오려요.

둥근 연필이나 붓대를 이용하여 같은 방향 또는 반대 방향으로 종이를 말아요.

바탕 종이에 들어갈 개수만큼 unit을 준비해요. ★저는 13×9inch의 액자에 36장의 종이를 사용했어요.

Step 2 디자인 구성하기

바탕 종이 위에 2개의 unit을 모아 한 개의 정사각형이 되도록 구성해요.

방향을 가로나 세로로 변화를 주고, 적당한 간격으로 나열해요. ★물결무늬, 소용돌이, 지그재그 등 다른 기하학 형태로 화면 구성을 해도 좋아요.

배치된 unit을 풀로 붙여서 완성해요.

> 같은 색감이나 명도 차이가 많이 나지 않는 액자에 넣으면 통일감이 있어서 작업이 더욱 돋보입니다.

나는 거미줄 건축가
마시멜로 입체 거미줄

주요 기법 : 꽂아서 연결하기, 입체 조형

난이도 : ●○○

준비물

마시멜로(또는 젤리나 수수깡), 이쑤시개나 큰 쟁반

공간에 형태를 만드는 예술활동을 조형예술이라고 해요. 건축이나 조각 등이 그 대표적인 예이지요. 아이들에게 종이를 주면 어렵지 않게 그 안에 자신의 생각과 상상을 그려 넣어요. 그런데 공간을 도화지로 주면 어떨까요? 평면작업에서는 구조와 균형이 맞지 않아도 쓰러지지 않지만, 공간에서는 구조적인 짜임과 균형이 맞지 않으면 조형이 성립되지 않습니다. 이번 놀이를 통해 구조와 균형에 대해 경험하게 해 주세요.

이런 점이 좋아요

● 입체조형을 경험해요.
● 구조와 균형에 대해 알게 돼요.

Step 1 꼬치에 꽂으며 구성하기

우주선 같아요!

마시멜로를 이쑤시개나 꼬치에 꽂아 연결해요. ★젤리나 수수깡을 사용해도 돼요.

위로 연결하여 입체 조형을 만들어요.

삼각형이나 사각형의 구조로 만들어야 쓰러지지 않아요.

Step 2 다양하게 만들어 보기

더 튼튼하게 지어야겠어요!

재료를 바꿔 가며 조형 만들기를 여러 번 시도해 보세요.

삼각형이나 사각형으로 잘 연결된 부분과 그렇지 않은 부분을 비교해요. ★구조적인 짜임새가 약한 부분이 쓰러지는 것을 경험하면서 안정감의 중요성을 알게 됩니다.

하단부의 안정감의 중요성에 대해서 느낄수록 점점 아래쪽의 보수에 힘쓰게 되지요.

완성된 작품을 보면서 무엇이 연상되는지 이야기 나눠 보세요. 규진이는 작품이 우주선 같다면서 안에 우주인을 놓아 두고 즐거워했답니다.

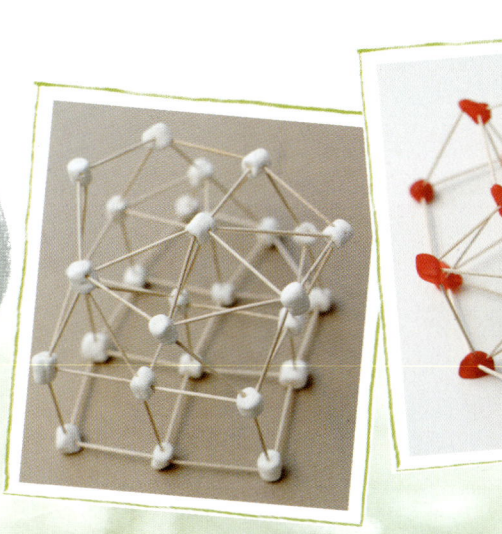 

195

표정이 살아 있어요
얼굴 표정 관찰화

주요 기법 : 관찰하며 그리기

난이도 : ●○○

동그라미를 그려 얼굴을 표현하기 시작하는 유아들은 눈으로 보는 것을 그리지 않고 자신이 알고 있는 것을 그림으로 표현해요. 그래서 피상적인 눈, 코, 입을 그리는 것이 일반적이며 누구를 그려도 비슷한 모습을 하고 있어요. 이때 표정 관찰화를 진행해 보면 좋습니다. 도식적인 표현 지도는 지양하고, 아이들만의 천진함과 순수한 표현력이 드러날 수 있도록 적절한 자극과 동기를 주면서 진행해 보세요. 과정 속에서 아이들은 화를 내거나 찡그리는 얼굴보다 웃는 얼굴이 아름답다는 것을 자연스럽게 느끼게 됩니다.

준비물

연필, 지우개, 종이, 사인펜, 색연필, 작은 거울

이런 점이 좋아요
- 다양한 표정을 관찰하게 돼요.
- 늘 똑같이 그리던 얼굴을 다양하게 표현할 수 있게 돼요.

Step 1 표정 관찰하고 그리기

엄마와 함께 여러 가지 표정을 지어 보고 그 특징을 이야기 나눠요.

거울을 보면서 표현하고 싶은 얼굴 표정을 연필로 스케치해요. ★눈, 코, 입의 변화를 잘 표현할 수 있도록 도와주세요. 앞에서 엄마가 표정을 지어 보이면 아이들은 더 신이 나서 그려요.

Step 2 채색하기

사인펜을 이용해 테두리를 그려요. ★사인펜은 그림을 명확하고 간략하게 만들어 줘요.

아이가 힘들어하지 않으면 간단히 채색도 해 보세요. ★색연필을 사용하는 것이 가장 간단해요.

완성한 그림을 보면서 표정에 대한 이야기를 나눠 보세요.

사과를 먹고 그리고
4단계 과일 관찰화

주요 기법 : 관찰하며 그리기
난이도 : ●○○

준비물

작은 크기의 도화지 4장, 연필, 지우개, 얇은 사인펜, 색연필, 사과

눈으로 항상 마주치는 일상의 사물들도 막상 그림으로 표현하려고 하면 그 특징을 살리기 쉽지 않을 때가 있어요. 아이들은 과일을 그릴 때 흔히 동그라미에 꼭지 하나만 그려서, 색을 입히기 전에는 배인지 사과인지 구분할 수가 없지요. 직접 관찰하여 표현해 보지 않고서는 과일은 그저 둥근 형태에서 벗어나기 어렵습니다. 이번에는 아이들과 재미있게 진행해 볼 수 있는 4단계 관찰화 그리기를 소개해 드릴게요. 관찰화이지만 정밀화는 아니므로, 부담 없이 즐겁게 진행해 보세요.

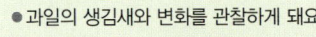
- 과일의 생김새와 변화를 관찰하게 돼요.
- 늘 똑같이 그리던 과일을 다양하게 표현할 수 있어요.

Step 1 원래 모양 그대로 그리기

사과를 보면서 연필로 스케치한 후, 얇은 사인펜으로 테두리를 그리고 색연필로 색칠해요. ★과일은 어떤 종류라도 상관 없어요. 종이는 액자에 넣을 수 있는 크기로 준비해요.

Step 2 조금 먹고 그리기

사과를 한두 입 베어 먹어요. 다른 종이에 먹고 난 후의 사과를 같은 방식으로 그려요. ★연필 스케치 → 얇은 사인펜으로 테두리 → 색연필로 채색의 순서로 진행해요.

Step 3 좀 더 먹고 그리기

과일을 절반 이상 먹고, 먹은 후의 형태를 그려요.

Step 4 거의 다 먹고 그리기

아주 조금만 남기고 거의 다 먹은 후의 형태를 그려요.

완성된 4단계의 관찰화를 보며 이야기 나눠요. 다른 과일을 이용하거나 4단계를 3단계로 줄여서도 진행해 보세요.

대칭의 미가 돋보이는
반사패턴 디자인

주요 기법 : 디자인, 오려 붙이기

난이도 : ●●●

준비물

양면 색종이(10cm×10cm), 가위, 연필, 도화지(흰색, 검정색), 지우개, 딱풀

디자인이라는 분야는 미술에서 벗어나 산업과 경제 전반에 활용되고 있지만, 어린이들이 미술로서 디자인을 접하는 것은 보통 고학년이 되어서야 시작됩니다. 이는 디자인 작업이 종합적인 조형 원리들에 관한 인식과 의식적인 노력, 아이디어를 구체화시킬 수 있는 창의력이 필요하기 때문이지요. 하지만 이번 미술놀이는 저학년 아이들과도 진행해 볼 수 있는 아주 쉽고 간단한 평면 디자인입니다. 색종이 한 장을 이용해 색감과 모양의 반전을 경험하면서 대비와 대조, 균형과 통일 등의 조형 원리를 경험할 수 있어요.

이런 점이 좋아요
- 대비와 대조를 활용한 디자인을 경험해요.
- 섬세한 가위질을 통해 집중력을 높여요.

Step 1 도안 오리기

양면 색종이(10×10cm)에서 색을 고른 후, 가장자리 면과 접한 도안을 그려요. ★가위로 오려낸 뒤 반사 패턴을 만들어야 하므로 가장자리 면과 닿아야 해요.

도안을 가위로 섬세하게 오려요. 도안에 남아 있는 연필선을 지우개로 지워서 정리해요.

Step 2 반사 패턴으로 붙이기

> 빨간색을 주된 색으로 할래요.

오려낸 색종이를 옆으로 나란히 놓아서 반사 패턴을 만들어요.

색종이를 뒤집어가며 색감을 비교해 보고, 어느 색을 주된 색으로 할지 결정해요.

풀을 이용해 바탕지에 도안을 붙여요. ★두 도안이 정확하게 반전이 되어야 하므로 섬세함이 요구됩니다. 물풀은 종이의 변형을 가져올 수 있으므로 딱풀을 이용하세요.

> 완성된 작품에 날짜와 서명을 쓰고 액자에 넣어요.

> 나뭇잎 외에 하트, 꽃잎 등 다양한 무늬로도 작업해 보세요.

비즈와 실로 만드는
나만의 비즈 책갈피

주요 기법 : 비즈 공예

난이도 : ●●○

준비물

구멍이 큰 공예용 비즈 또는 알파벳 사각 비즈, 색실, 고정볼, 평집게

책갈피를 만드는 방법은 아주 다양해요. 예쁜 캐릭터를 코팅해서 사용할 수도 있고, 종이를 접어서 페이지의 끝부분에 끼우는 포켓 스타일로 만들 수도 있어요. 여러 방법 중 특히 여자 아이들에게 선물하기 좋은 책갈피가 있어서 만드는 방법을 소개해 드려요. 공예용 비즈와 색실, 그리고 간단한 비즈 도구만 있으면 자신만의 예쁜 책갈피를 만들 수 있어요.

이런 점이 좋아요

● 비즈 공예를 체험해요.
● 완성 후 선물하기 좋아요.

Step 1 실 준비하기

어떻게 만들지 스케치하며 구상해요. 책의 크기를 고려해 실의 길이(약 50cm)를 정해요.

실을 12겹 겹치고 끝부분 12cm 정도를 남긴 후 양쪽을 매듭 지어요. ★실을 중간에 한두 번 묶어 주면 엉키지 않아요.

Step 2 비즈 꿰기

  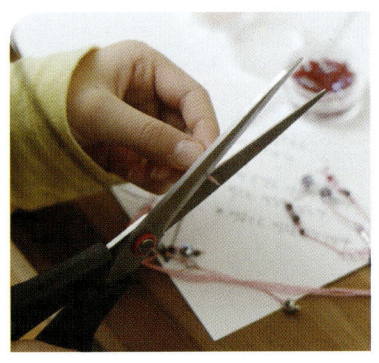

실의 끝부분을 3갈래로 나누어 4겹씩 비즈를 끼워요. ★실이 4겹이므로 비즈 구멍이 큰 것을 사용해야 작업하기가 쉬워요. 알파벳 비즈를 이용해 이름이나 짧은 문구를 넣으면 좋아요.

끝부분을 고정볼로 마무리해요.

완성된 끝부분의 실을 정리해요.

완성 후 책갈피로 사용해요. 친구에게 선물하기에도 좋아요.

핸드폰을 돋보이게 해 주는
리본주름꽃 핸드폰 장식

주요 기법 : 리본 공예

난이도 : ●●●

준비물

리본(4~5cm×40cm) 2장, 비즈 진주 2개, 실, 바늘, 끈 5cm, 핸드폰 고리 장식, 글루건

리본 공예는 다루기 간단하면서도 실용적인 창작활동이기 때문에 아이들의 호응도가 아주 높아요. 결과물에 대한 만족도가 높은 데다가 실제로 착용하거나 사용할 수 있어서 아이들은 자신이 만든 공예품에 자부심을 느낍니다. 이번에는 홈질로 바느질해서 주름을 잡아 꽃처럼 만드는 간단한 리본 공예를 소개해 드릴게요. 실용적인 가치를 두는 공예작업을 통해 아이들과 신선한 즐거움을 느껴 보세요.

이런 점이 좋아요

● 바느질을 하면서 손의 협응력을 높여요.
● 스스로 만든 작품을 선물하거나 사용하며 보람을 느껴요.

Step 1 리본 홈질하기

리본을 40cm 길이로 잘라서 2장 준비해요. 리본의 양 끝을 불로 그을려 끝처리를 해요.

사진과 같이 리본을 2/3정도 올라오게 접은 후, 5mm 간격으로 홈질을 해요. ★홈질 간격이 5mm 이하면 원의 중심이 커지고, 5mm 이상이면 주름의 모양이 덜 예뻐요.

Step 2 꽃 모양 만들기

끝까지 홈질을 한 후, 잡아당겨 둥근 원을 만들어요. 그런 다음 리본의 시작 부분과 이어 주고 매듭을 지어요.

끈 4~5cm를 고리로 만들어 홈질한 주름꽃 사이에 넣고, 중심에 글루건으로 마주 보게 하여 붙여요. ★글루건 사용시 보이지 않게 주의해서 작업해요.

10~12mm의 진주 비즈를 중심에 붙여 마무리해요. ★글루건을 사용할 때는 리본보다 부착할 물건에 쏘아 주는 것이 좋아요.

완성된 리본 주름꽃에 핸드폰 고리 장식을 달아요. 다른 색 리본으로도 작업해 보세요.

주변 재료로 놀아 볼까?

Art with Everything

버려지는 쓰레기들이 작은 아이디어 하나로,

혹은 사고의 전환을 통해서 얼마나 가치 있게 재창조될 수 있는지

경험할 수 있는 놀이들입니다. 재활용품을 이용한 미술놀이는 자원을 절약하고

아껴 쓰는 마음을 갖게 할 뿐만 아니라, 평범한 사물들을 무심코

지나치지 않고 한 번 더 관찰하며 무엇에 쓸지 고민하는 자세를 갖게 하지요.

이것은 곧 창조적인 아이로 성장하는 밑거름이 되기 때문에

여러 가지 측면에서 교육적인 효과가 크다고 할 수 있습니다.

재활용품뿐만 아니라 야채와 과일, 주방기구 등 일반적으로 미술놀이의 재료로

잘 쓰이지 않는 소재들을 이용한 놀이도 소개합니다.

신선한 재료를 사용함으로써 아이들의 호기심을 자극하는

흥미로운 시간이 될 것입니다.

옥수수 속에 뭐가 들었을까?
휴지심 옥수수 선물 포장

주재료 : 휴지심

주요 기법 : 포장하고 꾸미기

난이도 : ●○○

준비물

휴지심, 노란색 주름지나 리본, 모루, 초록색 습자지, 양면테이프, 선물 (작은 장난감이나 사탕류)

일주일이면 한두 개씩 나오는 두루마리 휴지심은 활용도 높은 미술놀이 재료입니다. 원통형의 특징을 그대로 살려 두 개를 붙이면 쌍안경이 되고, 여러 개를 이으면 기차나 버스, 자동차 같은 탈 것을 만들 수도 있어요. 인형이나 동물, 악기 등을 표현하기에도 유용하지요. 이번에는 휴지심으로 앙증맞은 옥수수 모양 포장용기를 만들어 보세요. 과자나 선물을 넣어서 친구들에게 건네면 인기만점 친구가 될 거예요.

이런 점이 좋아요

● 휴지심의 재활용을 경험해요.
● 생일이나 기념일의 선물 포장으로 활용해요.

Step 1 휴지심 꾸미고 채우기

노란색 주름지나 리본으로 휴지심을 감아요. ★처음과 끝부분을 양면테이프로 고정시켜요.

작은 종이에 감사의 메모를 적어요.

사탕이나 작은 선물, 메모를 휴지심 안에 넣어요.

Step 2 휴지심 포장하기

초록색 습자지를 약 11.5×22cm 크기가 되도록 대문접기 해요.

가운데에 휴지심을 넣고 모루로 양 끝을 묶어요.

연필을 이용해 모루의 끝을 둥글게 감아요.

안에 편지나 사탕, 작은 선물을 담아서 친구들에게 선물해 보세요.

휴지심 꽃모빌

휴지심이 꽃으로 변해요

주재료 : 휴지심
주요 기법 : 오리고 붙이기
난이도 : ●●○

준비물
휴지심, 병뚜껑, 풀이나 글루건, 물감, 붓, 일회용 접시, 가위, 나뭇가지, 비즈

긴 원통 모양의 휴지심이 짧은 원통으로 바뀌고, 이들이 모여 꽃송이로 변하는 놀라운 과정을 체험할 수 있는 놀이예요. 이렇게 만든 꽃들을 나뭇가지에 연결해서 모빌을 만들면, 자연의 아름다움과 조화를 이루어 더욱 멋진 작품이 되지요. 재활용품과 자연이라는 두 가지 요소를 동시에 미술작업에 활용하여 더욱 가치 있는 활동이 됩니다.

이런 점이 좋아요
- 휴지심의 재활용법을 경험해요.
- 자연과 재활용품의 조화를 느껴요.

Step 1 휴지심 색칠하기

야외에서 나뭇가지를 주워 와요.

휴지심을 2cm 폭으로 잘라요.

휴지심 꽃잎에 원하는 색을 칠해요.

Step 2 꽃 모양 만들기

물감이 마르면 휴지심 꽃잎의 끝부분에 풀을 바르고, 꽃잎 다섯 개가 한 송이의 꽃이 되도록 붙여요.

꽃잎이 잘 붙도록 그대로 둡니다. ★작은 나무집게로 꽃잎 사이사이를 꽂아 건조하면 좋아요.

색감이 있는 병뚜껑을 꽃의 양쪽 중심에 꽃술이 되도록 붙여요. 글루건을 이용해요.

비즈와 함께 휴지심 꽃에 실을 묶고, 어울리는 나뭇가지에 매달아 주세요.

재활용품과 자연이 만나 근사한 작품이 됐어요. 벽이나 창가에 붙여서 장식해 보세요.

애벌레가 움직여요
꿈틀꿈틀 휴지심 애벌레

주재료 : 휴지심

주요 기법 : 색칠하고 꿰기

난이도 : ●●○

준비물

휴지심, 가위, 펀치, 물감, 붓, 눈알, 모루, 실, 철사나 돗바늘, 빨대나 비즈

애벌레는 동화책에서 주인공으로 자주 등장하는 만큼 아이들에게 무척 친숙한 동물이지요. 휴지심을 이용해 꿈틀꿈틀 움직이는 애벌레를 만들어 보세요. 장난감을 끌거나 밀고 다니기 좋아하는 유아들은 휴지심 애벌레를 장난감으로 활용할 수도 있어요. 애벌레 관련 책을 읽은 후 독후활동으로 연계해 줘도 좋아요.

이런 점이 좋아요

● 휴지심의 다양한 변신을 경험해요.
● 움직이는 장난감을 만들 수 있어요.

Step 1 휴지심 자르기

휴지심을 반으로 눌러 2.5cm 넓이로 선을 그린 후 가위로 잘라요. 10~12개의 링을 준비해요.

홀펀치로 휴지심 가운데에 구멍을 뚫어요.
★아이들이 직접 구멍을 뚫게 하면 아주 뿌듯해해요.

저도 잘하죠?

원하는 색으로 휴지심을 색칠해요.

Step 2 휴지심 연결하기

돗바늘에 50cm 실을 끼우고, 1cm 길이의 빨대나 비즈를 꿰어요. ★돗바늘이 없으면 7~8cm의 철사를 반으로 접어 그 사이에 실을 끼우고 하나로 꼬아서 사용하세요.

휴지심을 길게 연결해요. 휴지심 끼우기가 끝나면 처음 시작과 같은 방법으로 마무리해요.

애벌레야, 안녕!

모루로 더듬이를 만들고, 눈알을 붙여 얼굴을 완성해요.

애벌레를 끌고 다니면서 놀아요.

나무 젓가락에 연결하여 움직이는 애벌레로 작업해도 좋아요.

페트병이 꽃으로 변해요
페트병 꽃 모빌

주재료 : 페트병
주요 기법 : 오리고 색칠하기
난이도 : ●○○

준비물
페트병, 가위, 아크릴 물감, 붓, 실, 펀치, 비즈

꽃이라는 소재를 표현하는 방법은 무수히 많아요. 아름답고 고운 재료를 이용해 꽃을 표현하는 것도 좋지만, 버려지는 거친 재료를 이용해 아름다움을 되살리는 작업은 정말 의미 있는 미술놀이가 아닐까 합니다. 플라스틱 페트병을 자르고 색칠해서 예쁜 꽃으로 변화시키는 과정을 통해 아이들은 버려지는 물건들의 소중함을 새삼 깨달을 거예요.

이런 점이 좋아요
● 페트병의 재활용을 경험해요.
● 꽃잎 표현법을 익혀요.

Step 1 페트병 자르기

꽃을 만들기에 적당한 길이로 페트병을 잘라요. 병의 입구까지 6~8갈래의 꽃잎으로 잘라요.

자른 꽃잎을 뒤로 꺾듯이 벌려 주어 꽃 모양을 만들어요. 총 3~4개의 페트병 꽃을 준비해요.

Step 2 페트병 색칠하기

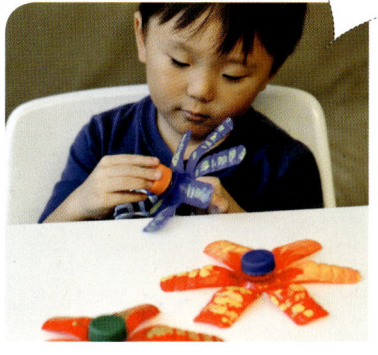

혼자서도 잘하죠?

물을 섞지 않은 아크릴 물감으로 꽃을 색칠해요. ★아크릴 물감은 플라스틱에도 잘 칠해지고 빨리 건조돼요.

물감이 다 마르면 뚜껑을 닫아요. ★색감이 없는 뚜껑이라면 색을 입혀 주면 좋아요.

펀치로 꽃잎에 구멍을 뚫고, 꽃과 꽃을 실로 연결해요. 사이사이에 비즈를 끼워서 장식해요.

페트병으로 만들었다고 생각하기 어려울 만큼 예쁜 꽃 모빌이 완성됐어요.

캔으로 나만의 로봇을 만들어요
깡통 로봇 가족

주재료 : 캔과 공구용품

주요 기법 : 콜라주

난이도 : ●●○

준비물

캔, 병뚜껑, 글루건, 눈알, 기타 부속품과 재활용품 등 ★알루미늄 캔은 절단면의 입구가 위험하지 않은 원터치 캔을 사용해요.

캔도 많이 나오는 쓰레기 중 하나이지요. 재활용 캔과 공구함 속의 부속품들을 이용해 로봇을 만들어 보았어요. 왼쪽은 작은 아이가 4살 때 작업한 '부엉이 쓰레기통'이라는 제목의 작품이고, 오른쪽은 큰 아이가 10살 때 완성한 'Mrs. Ironie'라는 제목의 작품이에요. 아이들이 흥미로워하는 '로봇'이라는 주제와 '공구용품'이라는 소재가 조화를 이루어, 어린 유아들도 완성도 있게 작품을 만들 수 있어요. 과정은 참고만 하시고 집에 있는 재료에 맞춰 작업을 진행해 보세요.

이런 점이 좋아요

- 캔의 재활용을 경험해요.
- 자유롭게 구성하며 창의력을 키워요.
- 재료와 주제의 조화를 느껴요.

Step 1 몸통 만들기

'재활용품을 이용한 인체 표현'이라는 주제를 주고, 어떻게 구성할지를 계획하게 해요. 그런 다음 작업의 순서를 정하고, 필요한 재료를 준비하게 해요.

움직일 때 소리가 나도록 캔 속에 방울을 넣고 뚜껑이나 두꺼운 골판지로 마감해요.

Step 2 간단 로봇 만들기

> 네 이름은 '부엉이 쓰레기통' 이야.

큼직한 볼트와 너트는 글루건으로 붙여서 다리로 활용하기 좋아요.

병뚜껑에 눈알을 붙이거나, 작은 볼트와 너트를 조합시켜 입체감 있는 눈을 표현해요.

양철 수세미로 머리를 표현하면 재료의 통일감이 생겨 더욱 감각적인 작업이 됩니다.

Step 3 업그레이드 로봇 만들기

> This is Mrs. Ironie!

아이가 할 수 있다면 머리와 몸통을 구분하고 팔도 만들어 보게 해요.

> 기타 남은 재료로 세밀한 부분을 표현하여 작업의 완성도를 높여 줘요. 작품에 이름을 붙여 놀이에 활용하면 더욱 의미 있어요.

평면 박스가 입체 지구로 변신
시리얼 상자 지구볼

주재료 : 종이 상자

주요 기법 : 구멍에 꿰기

난이도 : ●●●

준비물

시리얼 상자(초록과 파란 계열), 자, 연필, 펀치, 가위, 단추, 낚싯줄이나 실

재활용품이 알맞게 적용될 경우 값비싼 재료보다 더욱 가치 있는 결과물로 빛을 발휘하곤 합니다. 이번에 소개해 드릴 미술놀이는 시리얼 상자로 만든 지구볼입니다. 어느 종이를 사용해도 이보다 더 안성맞춤일 수는 없을 거예요. 아이들과 푸른 빛 상자를 오리고 꿰어 지구를 만들고, 지구에 대해서 이야기도 나눠 보세요. 상자의 색깔에 따라 과일, 야채 등 다른 사물도 표현해 보시고요.

이런 점이 좋아요

- 상자의 재활용법을 경험해요.
- 평면의 종이가 입체가 되는 과정을 경험해요.
- 푸른 지구에 대해 알게 돼요.

Step 1 상자 오리기

시리얼 상자에 2.5cm 간격의 선을 그어요. 2.5×24cm 크기의 종이가 약 15개 필요해요.

시리얼 박스지 한 줄마다 구멍을 뚫어요.

구멍 뚫은 시리얼 상자를 가위로 잘라요.

Step 2 박스 연결하기

70cm 낚싯줄을 반으로 접어 단추에 꿰고, 종이를 모두 넣은 다음, 또 다른 단추를 넣어 매듭지어요. 약 14cm 낚싯줄을 남기고 매듭을 지은 다음 단추를 넣어요.

반대쪽의 종이를 모두 넣은 다음, 또 단추를 넣고 매듭지어요. ★단추-종이-단추-매듭-약 14cm 간격-매듭-단추-종이-단추-매듭의 순서입니다.

실을 모두 꿰고 나면 사진과 같은 모양이 됩니다. 종이를 둥글게 펼쳐서 지구 모양을 만들어요.

푸른 지구야! 돌아라, 돌아!

작품을 보면서 우리가 살고 있는 푸른 별 지구에 대해 알려 주세요.

나만의 캐릭터를 만들어요
과일 야채 동물 친구

주재료 : 야채와 과일

주요 기법 : 꽂아서 꾸미기

난이도 : ●●○

준비물

여러 가지 야채와 과일, 이쑤시개, 칼, 글루건, 뽕뽕이, 눈알, 땅콩버터나 잼 등

호박 몸통에 레몬 바퀴를 달면 호박 자동차가 되고, 감자에 비트와 콩깍지를 꽂으면 토끼가 되지요. 먹기만 하던 야채와 과일을 동물과 사물로 변신시키는 것은 고정관념을 깨는 활동으로서, 그 자체만으로도 아이들에게 신선한 자극이 됩니다. 또 야채와 과일은 색과 모양, 크기와 질감이 모두 다르기 때문에 주어진 재료들을 여러 가지로 조합해 보면서 재미있는 작업을 할 수 있어요. 냉장고 속에서 시들어가는 식재료가 있다면 이렇게 미술놀이에 활용해 보세요.

이런 점이 좋아요

- 야채와 과일의 특징을 관찰한 후 활용할 줄 알게 돼요.
- 아이들의 긴장을 풀어 주고 상상력을 높여 줘요.

Step 1 호박 자동차

레몬을 두툼하게 잘라 이쑤시개로 호박에 꽂아요. 글루건으로 눈알을 붙이고 포도를 꽂으면 호박 자동차 완성!

Step 2 사과 애벌레

이쑤시개 2개에 뿅뿅이를 약간 삐뚤게 연결하고 한쪽에 눈알을 붙여요. 사과의 양쪽에 애벌레의 머리와 꼬리를 각각 꽂아서 사과 먹는 애벌레를 표현해요.

Step 3 사과 몬스터 스낵

사과 1/4조각을 3등분하여 칼집만 넣어서 떨어지지 않게 해요. 사이에 땅콩버터나 잼을 넣어요.

땅콩이나 옥수수알을 심어서 몬스터의 이를 표현하고, 포도알 등으로 눈과 코를 표현해요.

몬스터 스낵을 맛있게 먹어요.

몬스터, 내가 먹어 버릴 테다!

Step 4 포테이토 친구들

감자에 비트와 콩깍지 등을 꽂아서 토끼와 미키 마우스를 만들어요.

파와 브로콜리로 머리도 표현해 보세요. 당근을 필러로 얇게 밀면 머리 리본을 만들 수 있어요.

관다발 색이 변해요
샐러리 염색놀이

주재료 : 샐러리

주요 기법 : 물들이기

난이도 : ●○○

준비물

샐러리, 식용색소, 컵, 젓가락, 물, 과일칼

식용색소를 이용해 식물의 관다발을 물들이는 놀이예요. 식용색소를 푼 물에 샐러리를 꽂아 놓고 하루가 지난 후 관다발과 잎맥의 변화를 관찰해 보세요. 시간이 지나 물들어 있는 관다발을 눈으로 직접 확인하는 과정에서 아이들은 식물의 내부 구조에 대해 호기심을 갖게 돼요. 식물체에 물과 양분을 전달하기 위해 뿌리, 줄기, 잎맥으로 연결되어 있는 '관다발'에 대해서 확실히 배우는 시간이 될 거예요.

이런 점이 좋아요

- 식물의 내부 구조에 대해 알 수 있어요.
- 자연 과학에 대한 지적 호기심이 생겨요.

Step 1 색소 풀기

컵에 100~150㎖ 정도의 물을 담아요.
★샐러리의 줄기가 길기 때문에 무게감이 있는 긴 컵을 사용하는 것이 좋아요.

컵마다 다른 색의 식용색소를 1작은술씩 넣고, 물감이 잘 녹도록 저어요.

Step 2 샐러리 염색하기

물에 잠기는 줄기의 끝부분을 사선으로 잘라요.

컵에 샐러리대와 잎이 있는 줄기를 고루 섞어서 꽂아요. 물에 꽂은 채로 하루를 둡니다.

Step 3 샐러리의 변화 관찰하기

하루가 지난 뒤 샐러리의 색감 변화를 관찰해요.

단면을 잘라서 관다발의 변화도 관찰해요.

관다발을 꺼내어 돋보기로 관찰하는 것도 흥미로워요. 관다발에 대해 설명해 주세요.

자르고 찍고 자르고 찍고
야채도장 찍기 놀이

주재료 : 야채

주요 기법 : 도장 찍기, 구성하기

난이도 : ●○○

준비물
냉장고 속의 여러 가지 과일과 야채들, 과일칼, 모양틀, 물감, 일회용 접시, 붓, 도화지

냉장고 속의 야채와 과일들을 이용한 미술놀이예요. 야채마다 형태와 질감이 다르고 단면의 모양도 다양하기 때문에 입체적인 조형 작업뿐 아니라 평면 작업에도 활용할 수 있어요. 단면의 모양이 재미있게 생긴 것으로는 버섯, 샐러리, 양배추, 청경채, 피망, 옥수수, 브로콜리, 죽순, 사과, 딸기, 레몬 등이 있어요. 야채들의 단면 모양에 물감을 묻혀 도장 찍기 놀이를 하고, 더 나아가 찍힌 모양을 오려서 재구성하는 작업까지 진행해 보세요.

이런 점이 좋아요
- 야채와 과일의 단면을 관찰해요.
- 모양을 재구성하며 구성력을 키워요.
- 자유롭게 꾸미며 마음껏 상상해요.

Step 1 야채 자르고 관찰하기

시큼한 냄새가 나요.

재료의 단면이 잘 나타나는 방향으로 야채를 잘라요. ★칼로 자를 때는 엄마가 대신 해 주세요.

감자나 무처럼 단면이 특이하지 않은 야채는 모양틀을 이용해 찍어 내요.

자른 단면을 시각, 후각, 미각, 촉각 등을 동원해 관찰해요.

Step 2 야채 도장 찍기

옥수수를 굴리면 어떤 모양이 나올까?

마음껏 찍고 굴리면서 재료가 가진 특징을 충분히 느낄 수 있도록 유도해 주세요.

Step 3 화면 구성하기

샐러리의 단면을 장미꽃으로, 양송이 버섯의 단면을 잎사귀로 재구성해 봤어요.

도장 그림 주변에 테두리를 그리고 오려요.

오려낸 그림을 자유롭게 배치하면서 화면을 구성한 후, 풀칠해서 붙이면 완성이에요.

곡물을 이용한 평면 구성
씨앗 모자이크

주재료 : 각종 씨앗, 곡물류

주요 기법 : 모자이크

난이도 : ●●○

모자이크는 여러 조각들을 평면이나 공예품 등에 접착시켜 특정 무늬나 그림을 표현하는 기법이에요. 요즘은 모자이크 기법을 응용한 현대 작가들의 흥미로운 조형작업들이 많아져 감상의 폭을 넓혀 주고 있지요. 집에 있는 씨앗과 곡식들을 이용해 아이들과 모자이크 작업을 해 보세요. 작은 씨앗을 원하는 자리에 붙이면서 집중력을 키울 수 있고, 과정이 어렵지 않아 자기 주도적으로 작업할 수 있기 때문에 성취감도 느낄 수 있어요.

준비물

재활용 박스지, 양면테이프, 연필, 지우개, 다양한 씨앗과 곡물류, 마카로니, 국수 종류, 통후추 등

이런 점이 좋아요
- 곡물의 다양한 모양과 색을 관찰하고 활용해요.
- 작은 씨앗으로 작업하면서 집중력과 손의 협응력이 높아져요.

Step 1 밑그림 그리기

재활용 박스지에 스케치를 해요. ★씨앗을 붙여야 하므로 단순하게 그리도록 유도해 주세요.

스케치가 완성된 종이에 양면테이프를 붙이고 이형지를 떼어 내요.

Step 2 씨앗붙이기

어떤 씨앗과 색감으로 구성할지 계획한 후, 테이프 위에 씨앗을 붙여요.

넓은 면을 붙일 때는 여러 색의 씨앗을 혼합해서 사용하는 것도 좋아요. 그러면서 병치혼합과 그라데이션을 체험할 수 있어요.

● **병치혼합** 색을 혼합하는 것이 아니라, 다른 색을 가까이 배치하여 색이 서로 섞여 보이는 것을 말해요. 점묘화, 모자이크, 직물, 컬러 TV가 병치혼합을 경험할 수 있는 대표적인 예입니다.

● **그라데이션(gradation)** 색감이나 질감·명도 등의 변화에 모두 사용할 수 있는 기법으로, 다른 두 값이 교차되는 부분에서 서서히 자연스럽게 변하게 하는 것을 말해요. 갑작스러운 변화를 강조하는 Contrast(대비)와 대비되는 개념이에요.

완성한 작품을 액자에 넣어 보관해요.

먹을까, 연주할까?
종이접시 수박 탬버린

주재료 : 종이접시
주요 기법 : 색칠하고 방울 달기
난이도 : ●○○

미술놀이에 소리를 담을 수 있다는 것은 참으로 의미 있는 작업입니다. 특히 탬버린이나 북, 캐스터네츠 등의 리듬악기는 단순한 기능만으로 창조적인 표현을 할 수 있기 때문에 유아들이 만들고 다루기에 적합하지요. 주변에서 쉽게 구할 수 있는 종이접시를 반으로 접어서 수박 모양의 탬버린을 만들어 보세요. 또 악기를 만들기에는 다소 파격적인 재료인 주방기기도 이용해 보시고요. 미술놀이의 제약이 느껴지지 않기 때문에 더욱 창의성이 발달한답니다.

준비물
일회용 종이접시, 아크릴 물감(초록, 빨강), 붓, 모루, 솜, 가위, 방울, 연필, 펀치, 검정 색종이

이런 점이 좋아요
- 악기의 소리 나는 원리를 알게 돼요.
- 완성 후 연주하며 놀아요.

228 주변 재료로 놀아 볼까?

Step 1 수박 모양 만들기

종이접시를 수박색으로 색칠해요.

물감이 다 마르면 접시를 반으로 접어요.

홀펀치를 이용해 반원 테두리 쪽에 4~5개의 구멍을 뚫어요.

Step 2 수박씨와 방울 붙이기

검정 색종이를 수박의 씨앗 모양으로 오려요. ★사인펜으로 씨앗을 그려도 돼요.

모루를 4등분하여 방울을 끼워요.

찌그러지지 않도록 접시 안에 솜을 넣고 모루로 구멍을 여며요. 수박씨를 양면에 붙여서 완성해요.

엄마, 노래 불러 봐요! 제가 연주할게요.

튀김기의 구멍에 방울을 매달면 '튀김기 탬버린'을 만들 수 있어요.

딱딱 찰랑찰랑 리듬악기
병뚜껑 캐스터네츠

주재료 : 병뚜껑

주요 기법 : 붙이고 방울 달기

난이도 : ●●○

준비물

재활용 박스지, 병뚜껑, 방울, 고무줄, 모루, 펀치, 글루건

리듬악기는 연주 방법을 익혀야 한다거나 고도의 테크닉을 요하지 않기 때문에 아이들이 다루기에 부담이 없고 적극적인 행동을 이끌어낼 수 있어요. 리듬악기를 이용한 음악활동이 아이들의 정서 지능에 긍정적인 효과를 가져온다는 실험 결과도 있고요. 재활용품을 이용해 캐스터네츠를 만들어 보고, 흥겨운 리듬놀이 시간을 가져 보세요.

이런 점이 좋아요

- 리듬악기에 대해 알게 돼요.
- 한 악기에서 두 가지 소리가 나는 것을 체험해요.
- 엄마와 함께 연주하고 노래해요.

Step 1 종이 오리기

재활용 박스지(6cm×14cm)의 양끝을 적당한 크기의 컵을 대고 둥글게 그려요.

선을 따라 가위로 오려요.

중간 부분을 2.5cm 두께로 접어요. ★박스지 안쪽으로 칼선을 살짝 넣어 주면 잘 접혀요.

Step 2 모루 꿰고 병뚜껑 달기

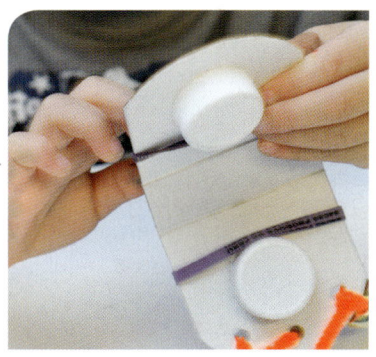

방울을 달기 위해 펀치로 구멍을 3개 뚫어요.

모루를 이용해 감침질하듯이 방울과 구멍 사이를 오고 가며 엮어요.

글루건으로 병뚜껑을 붙여요. 위아래의 위치가 같도록 붙여요. 손잡이가 될 고무밴드를 안쪽으로 넣어요.

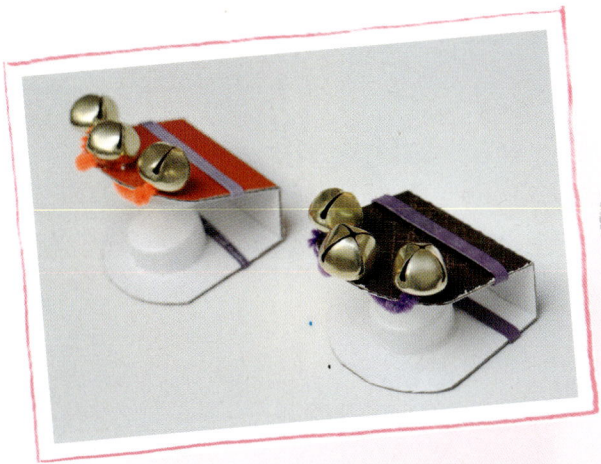

엄마와 함께 동요를 부르며 즐겁게 악기를 연주해요. 병뚜껑이 부딪히는 소리와 방울소리를 감상해 보세요.

부록

도안을 오려서 놀이에 사용하세요.

52쪽 부활절 토끼 머리띠 _ 토끼 귀 도안

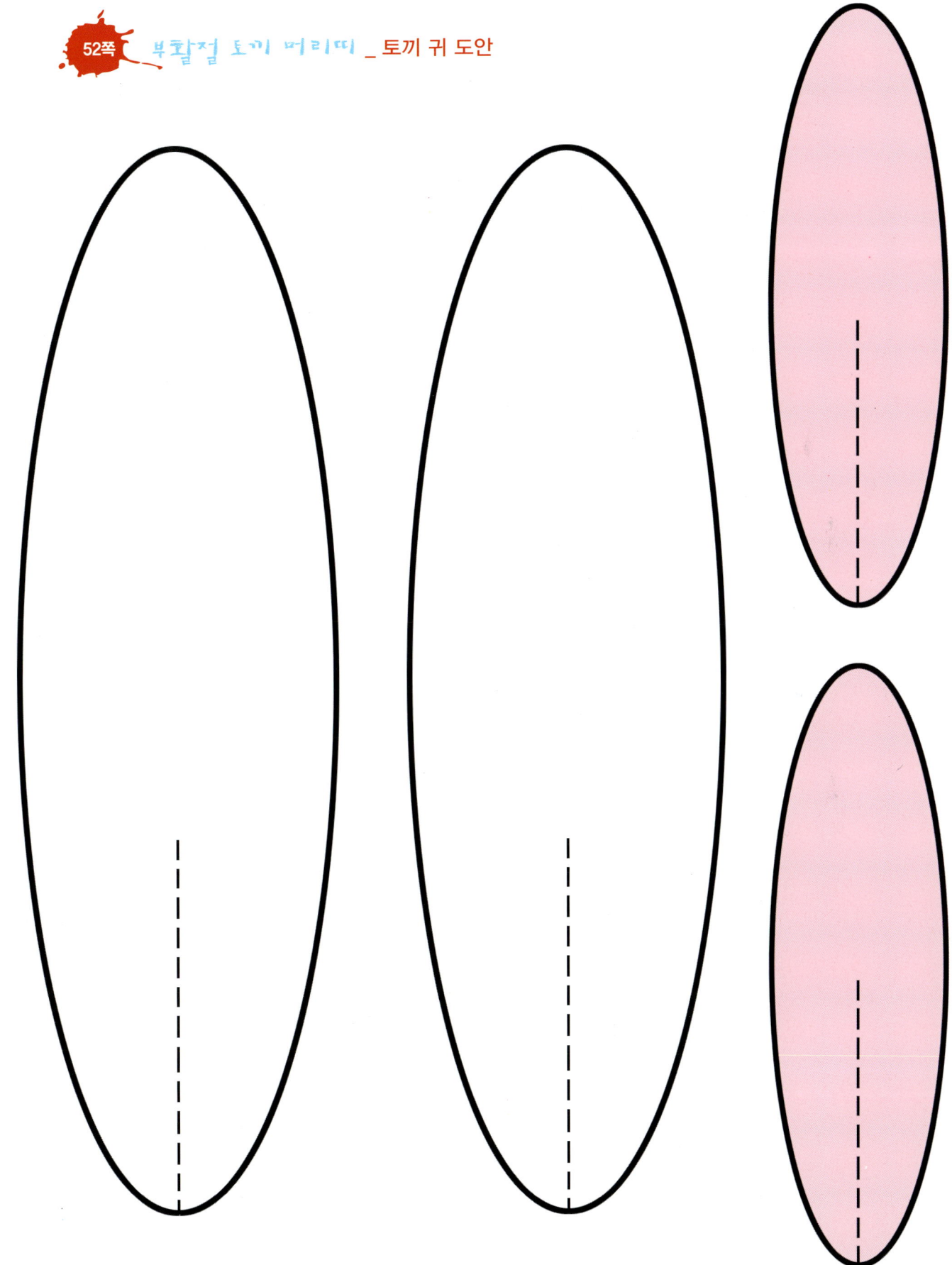

만들 때 사과 – 도화지 B

140쪽

눈꽃 도안 – 만들고 꾸미기

146쪽 크리스마스 종이컵 조명갓 _ 크리스마스 도안